खोयी हुई चीज़ें

खोयी हुई चीज़ें

{ वाणी भारतीय कविता
अनुवाद श्रृंखला - 1 }

के. सच्चिदानन्दन

चयन एवं अनुवाद
अनामिका

वाणी प्रकाशन

वाणी प्रकाशन
4695, 21-ए, दरियागंज, नयी दिल्ली 110 002
फ़ोन : +91 11 23273167 फ़ैक्स : +91 11 23275710
शाखाएँ
अशोक राजपथ, पटना 800 004, बिहार
कॉफ़ी हाउस कैम्पस, महात्मा गांधी मार्ग, इलाहाबाद 211 001, उत्तर प्रदेश
महात्मा गांधी अन्तरराष्ट्रीय हिन्दी विश्वविद्यालय, वर्धा 442 001, महाराष्ट्र
सुल्तानिया रोड, मोतिया पार्क, भोपाल 462 001, मध्य प्रदेश
www.vaniprakashan.com
marketing@vaniprakashan.in
sales@vaniprakashan.in

Khoi Hui Cheejen
by K. Satchidanandan
Selected & Translated by Anamika

ISBN : 978-93-87648-65-4
Poetry Collection

प्रथम संस्करण 2022

मूल्य : ₹ 425

आर. टेक ऑफ़सेट प्रिंटर्स, दिल्ली-110032 में मुद्रित

वाणी प्रकाशन का लोगो मक़बूल फ़िदा हुसेन की कूची से

अनुक्रम

भारतीय कविता : अनुवाद की 'लोकनी'

जब दो सभ्यताएँ एक-दूसरे से संवाद साधती हैं, अनुवाद के आसरे ही। कुछ देर तो खींचा-तानी चलती है फिर प्रीतिकलह के दौरान जो आदान-प्रदान घटता है, उसे समझा जा सकता है 'गीतगोविन्द' के उस प्रसंग के आश्रय जहाँ रास के बाद राधा गोविन्द के कपड़ों में बैठी हैं, गोविन्द राधा के परिधान में। यही प्रसंग अमीर खुसरो के यहाँ कुछ यों गूँजता है—

'छाप-तिलक सब छीनी रे
मोसे नैना मिलाय के,
अपने ही रंग रंग लीने रे,
मोसे नैना मिलाय के।'

नैना मिलाती दो सभ्यताएँ जब आमने-सामने खड़ी होती हैं, 'अपने ही रंग रंग लीनी रे', वाला सवाल सिर्फ़ हेजेमनी का सवाल या 'कॉलोनियलाइजेशन ऑफ माइण्ड' का सवाल नहीं रहता—कहीं भीतर कुछ एक-दूसरे को छू भी जाता है और प्रमुदित समर्पण की स्थिति भी घटती है। दोनों भाषिक संस्कृतियों के भीतर कुछ सहज खिलता है, दृष्टि दोनों की बड़ी होती है।

आदर्श स्थिति तो किसी भी रिश्ते की यही होती है कि कोई किसी पर हावी न हो, संवाद के दौरान कुछ ऐसा घट जाये कि अपने ही भीतर नयी खिड़कियाँ खुलें और पाठक रचयिता भी हो जाए—अर्थ का सह-प्रस्तोता। पर आदर्श स्थिति हमेशा घट नहीं पाती, सम्बन्धों की

अपनी राजनीति भी होती है जिसके तहत लोग सामने वाले व्यक्ति/पाठ या संस्कृति का कचूमर निकालने पर तुल जाते हैं।

विवर्तन, भाष्य, अर्थक्रिया और संस्कार कर्म—चार नामों से प्राचीन भारत में अन्तःपाठीय संवाद प्रचलित थे—मूल पाठ का कचूमर निकाले बिना एक समानान्तर पाठ रच देने की कला में निष्णात। आनन्दवर्धन ने तो कहा कि जिन रचनाओं के गर्भ से अन्य रचनाएँ न फूटें, उन्हें, 'अयोनि पाठ' मानना चाहिए। 'योनि' को यहाँ हम उस 'अपोरिया' के रूप में भी पढ़ सकते हैं जहाँ कई तरह के विरोधाभासी अर्थ पाठीय अवचेतन में तैरते हुए एक रूढ़ गाँठ-सी बना देते हैं। यह गाँठ अनेक दृष्टियों से पाठ को पाठ के विरुद्ध पढ़ने से ही खुलती है, वह भी पूरी तरह नहीं।

राजशेखर अनुवाद को परपुरप्रवेश कहते हुए यह बताते हैं कि कहाँ यह पदार्थहरण सर्वथा उचित है—खण्ड के रूप में हो या तैलबिन्दु की तरह पाठ की सतह पर पूरी तरह फैला हुआ। वे कहते हैं कि अभिनेता के वस्त्र की तरह पदार्थहरण के प्रभाव रंग-बिरंगे और अर्थपूर्ण भी होते हैं (नटेनपट)

जिसे पश्चिम की दुनिया इन दिनों 'थिक टेक्स्ट' की तरह सराह रही है और जिस 'थिक टेक्स्ट' में शब्दों के बीच फैले अर्थाकाश की अनुगूँजें पकड़ने पर इतना जोर दे रही है—उसे 'इण्टरटेक्चुऐलिटी कहती हुई—भारतीय आचार्यों ने उसके सूत्र बारहवीं सदी में सुझाए थेः 'अपने ही रंग रंग लीनी रे' का एक सबल उत्तर-औपनिवेशिक पाठ यह भी हो सकता है।

भर्तृहरि की मानें तो अर्थ को शर्मीली दुल्हन के रूप में भी पढ़ सकते हैं जो धीरे-धीरे स्वयं को अनावृत्त करती है—परा, पश्यन्ती, मध्यमा, फिर बैखरी। इस दुल्हन के साथ जबर्दस्ती अश्लीलता है, पर उसने साथ अन्तः पाठीय संवादों में लीला साधी जा सकती है।

भारत के अलावा चीन की 'फैन यी' परम्परा, नाइजीरिया की 'लेपिंग' परम्परा और ब्राजील का 'कैनिबलाइजेशन' उत्तर आधुनिक अनुवाद से मिलती- जुलती तकनीकें हैं। 'फैन यी' चीनी कढ़ाई शास्त्र से

लिया गया शब्द है। कढ़ाई के फूलों के पीछे धागों का जो कच्चा-पक्का वितान तना होता है, उसे फैन यी कहते हैं। अनुवाद यानी फैन यी। उसकी अस्त-व्यस्तता, उसके कटे-फटेपन में ही असल अन्तःसूत्र कौंधते हैं। विनुती 'थिक ट्रांसलेशन' की वकालत करते हैं, जिसमें अनुवाद अनुवाद की तरह ही लगे, बहुत चिकना-चुपड़ा नहीं, पर इसमें मूल की गन्ध बसी हो। यह 'फैन यी' तकनीक के करीब पड़ता है और 'लैपिंग' का मतलब है पुनर्कथन जो हमारे यहाँ की 'भाष्य' परम्परा से मिलता है। यही पश्चिम में 'इण्टरटेक्चुऐलिटी' के नाम से परवान चढ़ा।

आधुनिक अनुवाद-शास्त्र दुनिया को बिजली का एक सर्किट मानता है और चाहता है कि इसमें सभी छोटी-बड़ी भाषाएँ एक-दूसरे से विद्युत लेकर एक खास तरह का पॉलिसिस्टम विकसित करें। इसी से अनुप्राणित मेरे ये अनुवाद हैं जिसकी प्रक्रिया पर थोड़ी बातें आगे रखना चाहूँगी।

× × ×

तिरहुत का खासा रूढ़ शब्द है 'लोकनी'। 'लोकनी' यानी वह वृद्धा या प्रौढ़ा दाई जो बालिका वधू को अपने संरक्षण में ससुराल लाती थी। नये परिवेश में नयी बहू ख़ुद ही मुँह खोलकर कुछ माँगे या किसी बात का जवाब दे—यह तो मर्यादा का उल्लंघन माना जाता था। उसकी तरफ़ से जो कहना होता था—'लोकनी' ही कहती थी।

'पाँच कोस पर पानी बदले, आठ कोस पर बानी' वाला तर्क मानें तो एक ही अंचल में कई तरह की बोलियाँ बोली जाती हैं। मिथिला की 'मैथिली' और वैशाली की 'बज्जिका' भगिनी भाषाएँ ही हैं—पर इन दोनों अंचलों के बीच भी कई तरह की मैथिलियाँ, कई तरह की बज्जिकाएँ बोली जाती हैं। 'लोकनी' दुनिया देखकर अघाई हुई वैसी बुद्धिमती स्त्री होती थी (प्रायः वंचित वर्ग की विधवा, बुढ़कुँवारी या अनाथ) जो उस अंचल की सभी उपभाषाओं का लोच अलग-अलग पहचानती थी। ज़्यादातर बेटियाँ तो आसपास के गाँवों में ही ब्याही जाती थीं, पर अगर किसी की 'अन्य' जात-धर्म के बालक से चिट्ठी-पत्री हो गयी और उसके नाम के साथ कोई लोकापवाद जुड़ गया तो दूर-'देश'

यानी दूरस्थ अंचलों में भी बेटी ब्याहकर छुट्टी पाते थे लोग। ऐसे में 'लोकनी' बेचारी की भूमिका और विषम हो जाती थी; उसे ब्याह के दो-तीन महीने पहले वहाँ जाकर स्थानीय भाषा का अन्तरंग समझना होता था ताकि 'बहू' और 'नये घर' के बीच का दौत्य ठीक से निभा सके।

इसी अर्थ में कह रही हूँ कि अनुवाद 'लोकनी' का धर्म निभाते हैं और उन्हें 'घर'-'बाहर'—दोनों के भाषिक परिवेशों में ताल-मेल बिठाकर रखना होता है ताकि 'अर्थ' का 'अनर्थ' न हो जाये...और ऐसा करते हुए हँसमुख भी बना रहना होता है, ऐसा मुँह नहीं बनाना होता है जैसे मन-भर का बोझ माथे पर हो, और भारी-भरकम, थके- बुझे क़दमों से नहीं, उड़ते हुए क़दमों से चलना होता है ताकि 'गृहीता' परिवेश बोझिल न हो जाये।

समकालीन भारतीय परिदृश्य के अपने विशिष्ट कवि-मित्रों के लिए मैंने इसी हँसमुख 'लोकनी' दाई की भूमिका निभाई है हालाँकि सिद्ध लोकनियों की तरह मैंने प्रतिवेशिनी (मूल) भाषा में कोई विशिष्ट योग्यता हासिल नहीं की, अंग्रेज़ी नामक सूत्रधार भाषा के दम पर संकल्प साधा, पर मेरी ख़ुशकिस्मती यह रही कि मेरे प्रिय कवि मेरे मित्र भी थे—उन्होंने मुझे समय दिया, मेरे साथ बैठे, मूल की अन्तर्ध्वनियाँ पकड़ने में मेरी मदद की। साथ-साथ हमने कविता का पारायण किया, कई-कई ड्राफ्ट बनाये और इस बात का ख़ास ध्यान रखा कि अनुवाद न बोझिल हो, न उड़नछू।

आलोचकों का एक बड़ा निकाय मानता है कि कविता वह जो अनुवाद में नष्ट हो जाये, और दूसरे निकाय का कहना है कि कविता वह जो अनुवाद का झटका झेलकर भी ठठी रहे। शब्द-संयोजन, प्रवाह, वक्रोक्ति और श्रुतियों-अनुश्रुतियों-अनुगूँजों को काव्य की आत्मा समझने वाले लोग पहले निकाय के हैं और कथ्य या फलितार्थ को काव्य की आत्मा मानने वाले लोग दूसरी तरह के।

मेरी अपनी मान्यता यह है कि बेहतरीन कविताएँ वे जो अन्तःपाठीय संवाद के दस द्वार खोलें और मन में इस दायित्व का संचार भी करें कि इनसे बेलगाम छेड़-छाड़ न की जाये। अपनी भाषा में अनुकूलित

करते हुए पाठ की एकतानता थोड़ी टूटे भी तो इस एहसास के साथ कि ये तो पहले से ही बेहतरीन शब्दों का सर्वोत्कृष्ट संयोजन हैं, इन्हें अपने इशारों पर नचाने की कोशिश एक अभद्र कृत्य है।

समकालीन भारतीय कविता-परिदृश्य से ये जो विशिष्ट कवि मैंने आनुवादिक गपशप के लिए चुने हैं—हिन्दी के लिए उनके मन में गहरा अनुराग रहा है, ख़ासकर हिन्दी कविता के लिए। खड़ी बोली हिन्दी भारतीय भाषाओं के संयुक्त परिवार की सबसे छोटी (कन्या) भाषा है और किसी भी परिवार की सबसे छोटी कन्या की तरह सबकी मुँहलगी और चहेती भी। आधुनिकता के गर्भ से जनमने के कारण यह गहरे अर्थों में जनतान्त्रिक भी रही है : संवाद-अनुवाद-वाद-विवाद की केन्द्रस्थ भाषा, स्वाधीनता आन्दोलन की भाषा—विभिन्न भाषिक संस्कृतियों के बीच पुल बनाने का संस्कार यह घुट्टी में पीकर आयी है। प्यार करना इसको आता है—अहैतुक किस्म का प्यार जो देने में ही सुख पाता है, वापस क्या मिला, इसपर कभी ध्यान नहीं देता। जो कवि अपनी भाषा की आन्तरिक संरचना बदलने वाली बंकिमता घटित करता है, हिन्दी उसकी ओर दोनों हाथ बढ़ाकर खड़ी होती है; और बाबा तुलसी ने अतिथि-सत्कार का जो व्यंजक चित्र खड़ा किया है, कवि शायद उसी से प्रभावित होकर दूसरी समृद्ध भाषाओं की ओर न जाकर अपनी हिन्दी के पास ही आते हैं—

> 'आवत ही हरषै नहीं नैनन नहीं सनेह,
> तुलसी वहाँ न जाइए, कंचन बरसे मेह।'

भारतीय अनुवाद की समस्या

हर भारतीय पर भाषाई पंचवटी की छाँह होती है। जैसे कि संयुक्त परिवार में जन्मा कोई भी बच्चा कई आँचलों की छाँह में पलता है, हर भारतीय के चित्त पर कई-कई बोलियों-बानियों की छाया होती है। घर में बुजुर्गों से वह एक भाषा में संवाद करता है, माता-पिता, भाई-बहनों से किसी और भाषा में, दोस्तों और फेसबुक के साथी उससे किसी तीसरी

भाषा में बात करते हैं और आसपास बिखरे कामगर-साथियों से (दूधवाले, सब्ज़ीवाले, सफ़ाई कर्मचारी, इस्त्रीवाले भाई से) उसकी अन्तरंगता का विस्तार किसी चौथी-पाँचवीं भाषा/बोली में होता है। कभी-कभी शिक्षण-प्रशिक्षण की भाषा और कोई भाषा भी होती है। और अगर घर में कोई धार्मिक पुस्तक पढ़ी जाती है तो उसकी भाषा भी अलग हो सकती है।

यह साझा मातृत्व भाषाओं के इस संयुक्त परिवार में ही सम्भव है जिसे भारत कहते हैं। एक घर में यदि पाँच भाषा-क्षेत्रों से पाँच बहुएँ आयीं तो भी घर पाँच भाषाओं की छाँह पा जाता है। (बहुओं को पहले उनके मायके के गाँव से जोड़कर बुलाते भी थे—डुमराववाली, सुस्तावाली, बैरियावाली वगैरह।) एक साथ कई-कई बोली-बानियों के घर आने-जाने की यह सुहावनी परम्परा हर भारतीय को एक जन्मजात अनुवादक बना देती है :

"कोई कवि बन जाये, सहज सम्भाव्य है"

पर कई सगोत्र भाषाओं (बोलियों) या अलग गोत्र की भाषाओं से दोस्ती हमें अनुवादक के रूप में थोड़ा धृष्ट भी बना देती है। अन्तरंगता अनुशासन के बन्धन थोड़ा ढीला कर ही देती है। वैसे भी, कृषिप्रधान देशों में लोग स्वभाव से बहुत औपचारिक या सैन्य अनुशासन वाले नहीं होते। 'क्या अपना, क्या पराया' का बोध ही क्षीण हो जाता है। जिसे पश्चिमी समाज आज 'अन्तःपाठीय' कहता है, उसकी कई जीवन्त मिसालें 'रामायण' और 'महाभारत', 'पंचतन्त्र' और जातक कथाओं के स्वच्छन्द अनुवादों/भाष्यों/संस्करणों में उपलब्ध हैं। प्रोफ़ेसर राधावल्लभ, प्रोफ़ेसर ऋषि जैसे उद्‌भट विद्वानों की बहुतेरी अन्तर्राष्ट्रीय सम्मान प्राप्त कृतियाँ अन्तःपाठीय अनुवादों का भास्वर उदाहरण हैं।

जैसे नानी-दादी की जड़ाऊ साड़ियाँ काट-छाँटकर उनकी डिजाइनर पोशाकें युवतियाँ सिल लेती हैं, भारतीय भाषाओं का सारा आर्ष और लोकसाहित्य नये-नये काटों से पुनर्सृजित हुआ है। आधुनिक संवेदना का विस्तार भारतीय भाषाओं में जातीय स्मृतियों की बैटरी रीचार्ज

करते हुए ही हुआ। देश नया-नया स्वतन्त्र हुआ था, पश्चिमोन्मुख रहने में स्वाभिमान की हानि थी। ध्वस्त अस्मिता का पुनर्निर्माण मिथकीय/शास्त्रीय और लोकचेतना से नया (धर्मनिरपेक्ष, बौद्धिक) संवाद घटित किये बिना तो असम्भव था। मार्क्स और फ्रॉयड, रूसी और यूरोपीय लेखक भी अनुवाद के रास्ते ही हमारे घर आये थे और अन्य भारतीय भाषाओं के क्लासिक भी अनुवाद के ज़रिये ही हमने पचाये थे। इस तरह देखा जाये तो आधुनिकता की पूरी चेतना ही अनुवाद के रास्ते विकसित हुई।

उत्तर-औपनिवेशिक प्रतिकार अनुवाद की राजनीति में बखूबी झलका, ख़ासकर हिन्दी में। स्वाधीन भारत में पहले दौर के जितने अनुवाद हुए—उनमें यूरोप की अन्य भाषाओं की कालजयी रचनाएँ प्रमुखता पा गयीं। यह अवचेतन का निर्णय था या ब्रिटिश प्रभुत्व के भूतभगावन संकल्पों का चौकस निर्णय, साफ़ कहना मुश्किल है, किन्तु हिन्दी के कुछ मूर्धन्य साहित्यकार, प्रेमचन्द, राजेन्द्र यादव और निर्मल वर्मा ग़ैर-ब्रिटिश यूरोपीय उपन्यासों के अनुवाद हिन्दी में लाये और विश्व-कविता के प्रमुख हिन्दी अनुवादकों, रघुवीर सहाय, धर्मवीर भारती और रघुवीर सहाय से लेकर अशोक वाजपेयी, विष्णु खरे, वीरेन्द्र वरनवाल, वरयाम सिंह, त्रिनेत्र जोशी और सुरेश सलिल तक ने ग़ैर-ब्रिटिश यूरोपीय कविता के ही भास्वर अनुवाद किये, कुछ इस तरह कि भारतीय जनजीवन और चिन्तन उनसे सहज संवाद कर सका। अफ्रीकी, पोलिश, हंगेरियन, जर्मन, रूसी और लातिन अमरीकी सोच का छन्द और उनके राजनीतिक संघर्ष का लम्बा इतिहास भी हमारे तादात्म्य-बोध में निर्णायक सिद्ध हुए।

भारतीय भाषाएँ आपस में कम-कम बतियाईं, लेकिन बिल्कुल नहीं बोलीं—ऐसा नहीं कहा जा सकता। इस सन्दर्भ में हंस कुमार तिवारी, रणजीत साहा, देवेश आदि प्रखर अनुवादकों, साहित्य अकादेमी, भारतीय ज्ञानपीठ और नेशनल बुक ट्रस्ट के अलावा राजकमल, ज्ञानपीठ, राजपाल और वाणी प्रकाशन, हिन्द पॉकेट बुक्स, संवाद और इतिहासबोध प्रकाशन आदि का प्रकट योगदान है। पुरस्कृत रचनाओं के अलावा भी कुछ के

अनुवाद 'समकालीन भारतीय साहित्य' और 'इंडियन लिटरेचर' जैसे साहित्यिक जरनल नियमित रूप से सामने लाते रहे और इन अनुवादों में उस तरह की मस्ताना या सूफ़ियाना छूटें भी नहीं थीं।

ख़ासकर स्त्री-अस्मिता, दलित और आदिवासी अस्मिताओं को निवेदित रचनाएँ भारतीय भाषाओं में बिजली की क्षिप्रता से इधर-उधर गयीं। पर यहाँ एक बात नज़र आयी कि हिन्दी, मलयाली, पंजाबी, मराठी भाषाएँ भगिनी-भाषाओं के अनुवाद में अधिक उदार रहीं। तमिल, तेलुगु, कन्नड़, बांग्ला और उड़िया—जैसी भाषाओं का जैसा विपुल अनुवाद इन भाषाओं में हुआ, इनका अनुवाद उन भाषाओं में नहीं हो पाया। 'ऊधो का लेना पर माधो का न देना' जैसे इन भाषाओं का संस्कार हो गया क्योंकि बहुत दिनों तक ये महत्त्वपूर्ण भाषाएँ इस श्रेष्ठता-ग्रान्थि का शिकार रहीं कि ये अपने-आप में परिपूर्ण हैं, और भाषाओं में क्या चल रहा है—इन्हें जानने की ज़रूरत नहीं है। स्त्री-दलित और आदिवासी साहित्य के सजग-अनुवाद उपक्रमों से यह भ्रम कुछ हद तक टूटा, और अंग्रेज़ी या हिन्दी की मध्यस्थता से भी जितने अनुवाद सम्भव हुए—उनमें एकतानता थी। भारतीय भाषाओं की लय, परामानस की उनकी अवधारणाएँ, उनके साहित्यिक और सांस्कृतिक निकष, उनका तत्सम कोश साझा हैं—इसलिए उनके आपसी अनुवाद अधिक सरस, निर्बाध और सहज होते हैं।

हाल-फिलहाल अभय कुमार दुबे, आदित्य निगम, रविकान्त, हिलाल अहमद आदि समर्थ विद्वानों द्वारा समाजविज्ञान और विमर्शात्मक लेखन का हिन्दी में आयात तो भरपूर हुआ, पर हिन्दी से अंग्रेज़ी में निर्यात न के बराबर। ग़ैर-बराबरी की जो संरचनाएँ सामाजिक व्यवस्था पर हावी हैं, विषयों और भाषाओं के सहज संवादी स्वरूप का भी खण्डन करती दीखती हैं।

अनुवाद की जो दो-तीन तरह की समस्याएँ साफ़ उभरकर सामने आती हैं, उनमें पहली है अतिशय ढीले और अतिशय चुस्त अनुवाद। इन अतिशयों के बीच की संवादी राह निकालना ज़रूरी है। दूसरी चुनौती है पदानुक्रम-मुक्त आवाजाही जिसमें किसी संस्कृति को फुटनोटिंग

की यानी चरणों में लोटवाने की ज़रूरत न पड़े, एक ही धरातल पर, पैरेन्थेसिस आदि तकनीकों के जरिये सन्दर्भकीलित रूढ़ शब्द अनूदित और सन्दर्भित हो जायें—लगे जैसे एक ही चटाई पर बैठी बतियाती हों भाषाएँ। अनुवाद की भाषा में एक अन्तरंग प्रकाश हो, तनाव नहीं हो, पर बातें छूटें नहीं—और संघनित हो जायें, सांस्कृतिक पर्याय उन्हें और संघनित करें तो अच्छा! मूल का संक्षेपण नहीं हो तो अच्छा। अनुवाद के लिए जो श्रेष्ठ रचनाएँ चुनी जाती हैं, वे लद्धड़ और फोंक भरी तो होती नहीं, फिर करतब्योंत क्यों? और कतरब्योंत की ज़रूरत पड़े तो अनुवाद क्योंकर?

सन्दर्भकीलित पाठों के लिए कम-से-कम कविता के अनुवाद में हम जुड़वाँ पाठ जारी कर सकते हैं—एक शाब्दिक अनुवाद का, दूसरा अन्तःपाठीय/भाष्यपरक/सांस्कृतिक पर्याययुक्त मुक्त अनुवाद का। और भी कुछ उपाय साधे जा सकते हैं कि जिससे 'खूबसूरती' और 'वफ़ादारी', 'चिकने' और 'रुखड़े' के बीच का विवाद पिघले।

काव्य-दार्शनिकों का एक निकाय कहता है कि कभी-कभी कविता बनी-बनाई 'उतर' आती है, किसी तरह की छेड़छाड़ से उसकी संरचना ढहती ही है, सँवरती नहीं। प्रसिद्ध रोमांटिक कवि और काव्य-दार्शनिक कालॅरिज कविता को 'best words in best order' (बेहतरीन शब्दों का सर्वोत्कृष्ट क्रम) कहते हैं। एक बात यहाँ विशेष ध्यान देने की है। कभी-कभी ही ऐसा होता है कि कविता कैडाइलोस्कोप के फूलों की तरह ढली-ढलाई उतर आये। अक्सर उसके शिल्प पर मेहनत करनी होती है। दूसरे महान रोमांटिक कवि-दार्शनिक, वर्डस्वर्थ के शब्दों में कहें तो उसे 'recast' करना होता है। प्रशान्त क्षणों में, आवेग उतर जाने के बाद 'recollect' करना होता है, भाव-विचार-बिम्ब-काव्योक्तियाँ पुनर्संयोजित होती हैं और इस पुनर्संयोजन के बाद जो संरचना सामने आती है, यदि वह अच्छी कविता है तो, किसी तरह की छेड़छाड़ से उसकी एकतानता टूटती ही है। इस तरह अन्तिम ड्राफ्ट में अच्छी कविता सचमुच बेहतरीन शब्दों का सर्वोत्कृष्ट संय्रोजन हो जाती है।

अनुवाद है तो एक छेड़-छाड़ ही। अपनी भाषा में अनुकूलित करते हुए पाठ की एकतानता टूटती रही है। अनुवादक चाहे-अनचाहे सम्पादक भी हो जाता है। चाहता है कि बेहतरीन कविताओं के अनुवाद से अपनी भाषा वह समृद्ध करे, और बेहतरीन कविताएँ मानिनी नायिकाओं की तरह छेड़छाड़ कम ही बर्दाश्त करती हैं। उनको मान यह होता है कि वे पहले से ही बेहतरीन शब्दों का सर्वोत्कृष्ट संयोजन हैं। उन्हें कैसे कोई इधर-उधर नचा सकता है।

कुछ 'पाप' ज़रूरी होते हैं। आदम-हव्वा यदि सेब नहीं खाते—सृष्टि आगे कैसे बढ़ती। सीता यदि लक्ष्मण रेखा नहीं लाँघती, रावण का वध कैसे होता। यदि हम अनुवाद-कर्म बन्द कर दें तो नोबेल पुरस्कार, ज्ञानपीठ सहित दुनिया के सब बड़े पुरस्कार बन्द हो जायें या फिर सभी निर्णायकों को सभी भाषाओं का यथोचित ज्ञान होना ज़रूरी हो, पाठ्य-पुस्तकों से विश्व-साहित्य ग़ायब हो जाये, इतनी सारी महत्त्वपूर्ण लघु-पत्रिकाएँ जो अनुवाद को निवेदित हैं, बन्द हो जाएँ, अन्तःपाठीय उड़ानों और सांस्कृतिक आदान-प्रदान के जो अनवरत क्रम सब साहित्यिक धरोहरों को लगातार स्पन्दित रखे है, बन्द ही हो जाये, विश्व-नागरिक होने का सन्तोष ही ख़त्म हो जाये—सीमित और संकुचित हो जाये यह दुनिया।

अच्छे अनुवादक साहित्य के सर्वाधिक निस्संग योगी होते हैं, दो संस्कृतियों के बीच पुल बनाने वाले अभियन्ता। संसार उनसे बहुत उपकृत रहा है। अनुवादक न होते तो न आधुनिकता घटती, न कोई और वैचारिक क्रान्ति। समकालीन अनुवाद पद्धतियों ने कई बड़े विचार दिये हैं।

अनुवाद न होते तो एलियट एलियट न होते, येट्स येट्स नहीं, रवीन्द्रनाथ भी रवीन्द्रनाथ नहीं होते। हिन्दी पट्टी के मनोलोक-विस्तार में रूसी साहित्य और बांग्ला साहित्य—दोनों की बड़ी भूमिका रही है, और भला किसके सहारे? अनुवादकों के सहारे ही। सामान्य रचनाएँ भी अगर अच्छे अनुवादकों के हाथ लगीं तो उनका उद्धार हो जाता है, उनके झोल मिट जाते हैं और वे अधिक चुस्त हो जाती हैं। पर इसका विलोम भी सत्य है, इसलिए अनुवाद कार्य एक गम्भीर उत्तरदायित्व है, गम्भीर लेकिन मज़ेदार।

'सृजन की थकन भूल जा, देवता' : हमारे अनुवादक कवि

सभी बड़े आधुनिक कवि अपनी थकान अनुवाद से मिटाते रहे हैं। अपनी थकी शिराओं में स्फूर्ति भरने की ख़ातिर वे अनुवाद की ओर जाते रहे हैं। भवभूति ने अपने प्रसिद्ध श्लोक में जिस 'समानधर्मा' की चर्चा की है, उसका सन्धान सभी रचनाकारों के मन में लगातार ही चलता रहता है। काल निरवधि है, पृथ्वी विपुल–कभी-न-कभी, किसी काल-खण्ड, किसी भूखण्ड में कोई तो ऐसा होता जिससे मेरा हृदय-संवाद पूरा हो–इस उम्मीद की परिपुष्टि करते हैं अनुवाद। वे स्थान और काल की सीमाओं के पार ले जाकर रचनाकारों को 'समानधर्मा' से मिलाते हैं, उनमें नयी ऊर्जा भरते हैं। अनुवाद एक तरह का मूक-सम्भाषण है और अनुवादक सांस्कृतिक राजदूत। पास्तरनाक ने अपनी थकान के क्षणों में शेक्सपियर के सफल अनुवाद किये, अपने यहाँ भी अधिकांश कवि सफल अनुवादक रहे हैं, किन्तु सफल अनुवादक होने की शर्त नहीं है कवि होना।

कभी-कभी तो कबाड़ा ही करते हैं कवि। वे दूसरों का या स्वयं अपना भी अनुवाद करते हुए कई छूटें लेते हैं और एक नयी रचना सामने आ जाती है। अनुवादकों के बीच चुटकुला चलता है कि 'सुन्दर' अनुवाद 'बेवफा' और 'मनचले' होते हैं–सुन्दर महबूब की तरह, और बहुत 'सुशील' अनुवादों के साथ मुश्किल यह होती है कि वे यान्त्रिक हो जाते हैं, उनका प्रवाह बाधित हो जाता है। सफल अनुवाद वह है जो अनुवाद लगे ही नहीं : भारी क़दमों से न चले, गिरे हुए कन्धे न हों जिसके।

सन्दर्भ-बहुल कविताओं का अनुवाद सर्वाधिक जटिल होता है क्योंकि उनमें सांस्कृतिक पर्याय जुटाने होते हैं या फुटनोटिंग करनी होती है। इधर के कुछ सफल अनुवादकों ने 'रिटेंशन' की भी वकालत की है। रूढ़ पद ज्यों-के-त्यों रखे जायें और नीचे फुटनोट में, पाद-टिप्पणी में अर्थ लिखने के बजाय पैरेन्थेसिस में दो डैशों के बीच अर्थ-विस्तार कर दिया जाये–ऐसी मान्यता आर्लीन जाइदी आदि सफल अनुवादकों की बनी है। निम्नांकित उदाहरण से शायद बात स्पष्ट हो सके–

मेरा भाई मुझे समझाकर कहता था
जानती है पूनम,
तारे हैं चुटपुटिया बटन
रात के अँगरखे में टँके हुए
मेरी तरफ़ प्रेस बटन को चुटपुटिया बटन कहा जाता था
क्योंकि चुट से केवल एक बार पुट बजकर
एक-दूसरे में समा जाते थे वे।
वे तभी तक होते थे काम के
जब तक उनका साथी—चारों खूँटों से बराबर
बिल्कुल उनके सामने रहे टँका हुआ।
ऊँच-नीच के दर्शन में उनका कोई विश्वास नहीं था—
बराबरी के वे कायल थे,
फँसते थे, न फँसाते थे,
चुपचाप सट जाते थे,
मेरी तरफ़ प्रेस बटन को चुटपुटिया बटन कहा जाता था
लेकिन मेरी तरफ़ के लोग ख़ुद भी थे
चुटपुटिया बटन की तरह
चुट से पुट बजकर सट जाने वाले।
इस शहर में लेकिन
चुटपुटिया नज़र ही नहीं आते—
सतपुतिया झिगुनी की तरह यहाँ
एक सिरे से ग़ायब हैं
चुटपुटिया जन और बटन।
ब्लाउज़ में भी दर्ज़ी
देता है टाँक यहाँ हुक ही हुक—
हर हुक के आगे विराजमान होता है फन्दा,
फन्दों में फँसे हुए आपस में कितना सटेंगे।
कितना भी कीजिए जतन,
चुट से पुट नहीं ही बजेंगे।

My brother explained this to me
Stars
Are the snap-buttons sewn on the jacket of night
In my part of the world snaps
Were called 'chutputia'
Because with the click of a 'chut'
One snapped into the next.
They had no faith in the high and the low
Advocates of equality
Neither hooking nor getting hooked up
Came together without a fuss
In my part of the world
Snaps were called 'chutputia'
But even the people from my part of the world behaved like snaps
No chutputia here in this alien city
Like sweet gourd, satputia jhiguni
You just can't find them, can't find them anywhere
Chutputia people and chutputia snaps on sari blouses
Tailors in the city sew on hooks, not snaps.
And there's always a gap
Between the hook and the snare of the eyes
No matter how hard you try,
There'll be no click of 'chut' and no 'put'.

हर भाषा में अर्थ-अनर्थ, अर्थ-संकोच और अर्थ-विस्तार विशिष्ट प्रकार के होते हैं। और एक भाषा-घर से दूसरे भाषा-घर तक जाते-जाते कुछ नयी चीज़ें जुड़ जाती हैं, कुछ खो भी जाती हैं। इस महायात्रा में अर्थ अक्षुण्ण रखा जाये, अर्थ का अनर्थ न हो जाये—यह तो ज़रूरी है।

हाटमैन और स्टार्क ने अनुवाद की परिभाषा 'प्रतिपाद्य के स्थानान्तरण की प्रक्रिया' के रूप में की है।

शत-प्रतिशत अर्थान्तरण तो हो नहीं पाता, इसलिए ए.ए. स्मिथ आदि 'सम्भवता' पर ज़ोर देते हैं। अनुवादक योग की स्थिति में पूरी तरह भाव -विचार-शून्य भी हो नहीं पाता, थोड़ी-बहुत आत्मनिष्ठता और आत्मचेतना बनी ही रहती है जिसके कारण काव्यानुवाद क्रम में कभी अर्थ-विस्तार हो जाता है तो कभी अर्थ-संकोच, कभी तो मूल का अपकर्ष हो जाता है, कभी उसका उत्कर्ष भी।

काव्यार्थ सम्बन्धी अध्ययन

लियनार्ड फॉरस्टर के अनुसार, "अनुवाद स्रोतभाषा के प्रतीकों और चिह्नों का लक्ष्यभाषा में अभ्यान्तरण है।" डीस्टर्ड इसे प्रायोगिक भाषा विज्ञान की वह शाखा मानते हैं जहाँ प्रतीक तक एक सुनिश्चित समुच्चय से दूसरे समुच्चय की ओर प्रयाण करते हैं।

श्री अरविन्द ने भाषा की तीन इकाइयाँ बताई हैं—शब्द, अर्थ और उसकी चेतना। काव्यार्थ संश्लिष्ट होता है, शब्दार्थ भी एक अर्थ तक सीमित नहीं होता, पर अर्थागम के बाद ही अनुवाद उसे व्याख्यात्मक प्रणालियों से सम्प्रेषित करता है, उसके सन्दर्भ भी खोलता है। भाव की समानुभूति, अपरिवर्तनीय मूलभाव के स्तर पर अर्थपूर्ण समतुल्य की तलाश, स्रोतभाषा की पाठ्य-सामग्री के मूल सन्देश का अर्थ के स्तर पर सम्प्रेषण और अन्तरण-काव्यानुवाद में सब कुछ समाहित है। ज्ञान-साहित्य की तुलना में सर्जनात्मक साहित्य का अनुवाद दुरूहतर होता है, और कविता का अनुवाद तो सचमुच टेढ़ी खीर है क्योंकि कविता बहुत सारे अन्तःसंघर्ष समाए रहती है।

कविता भाव और कल्पना का उद्‌बोधन ही नहीं, उसका सम्प्रेषण भी है, और नयी भाषा में, विशेषकर विदेशी मूल की भाषा में उद्‌बोधन जगाना बेहद मुश्किल होता है। अभिधा तो कविता में न के बराबर ही होती है और लक्षणा-व्यंजना-व्यापार की सूक्ष्म तरंगों का संवहन दूसरी भाषा में प्रायः नहीं होता। काव्य का माध्यम बिम्बात्मक भाषा है

जो डॉ. नगेन्द्र के शब्द उधार लेकर कहें तो, 'सहृदय की कल्पना में भाव-चित्र जगाकर कृतकार्य होती है।'

तो काव्यानुवाद को पाठक और रचयिता, सहृदय और सर्जक–दोनों की भूमिका में उतरना पड़ता है। पहले पाठक-रूप में कृति आत्मसात करनी होती है, और फिर गृहीत रूप की लक्ष्यभाषा में उसकी पुनर्सर्जना होती है, जहाँ उसे कृति के अभिधेयार्थ में अटके बिना अर्थ-ध्वनि तक पहुँचना होता है। अक्सर उसे उस स्थिति से भी जुड़ना होता है जहाँ शब्दों के अर्थ रुक जाते हैं और पात्रों की आत्मा संकेतों-बिम्बों-प्रतीकों के रूप में अभिव्यक्ति पाती है।

डॉ. शशिमुदीराज ने यह पूरी प्रक्रिया काव्यात्मक ढंग से सामने रखी है :

''रचनाकार अपनी अनुभूति से लिखता है, अनुवादक की अनुभूति अपनी नहीं, उधार ली हुई है। इस कारण रचनाकार यदि ईश्वर है तो अनुवादक एक विवश ईश्वर है क्योंकि उसकी रचनात्मकता उसकी मूल रचना से बँधी है। अनुवादक को वही अनुभव करना है और लिखना है जो मूल रचना में है। इसलिए अनुवादक का कार्य अधिक कठिन है। एक ओर सर्जनात्मकता के आवेग में अपने-आपको डुबो देना और दूसरी ओर अपने निजी व्यक्तित्व को आरोपित होने से बचाये रखना–ये दो शर्तें ऐसी हैं जिनको निभाना और जिनके बीच सन्तुलन बनाये रखना कठिन है।''

अली अकबर ठीक ही लिखते हैं कि अर्थ की मनःसामाजिक भूमिका काल-स्थान सापेक्ष होती है। इसलिए अर्थ-विकास ऐतिहासिक भाषा विज्ञान का एक प्रमुख प्रकरण बन जाता है। भारत में अर्थ-विचार दो प्रकार से हुआ है–खण्ड पक्ष तथा उपखण्ड पक्ष। मनोविज्ञान में इन दोनों को क्रमशः साहचर्य (एसोसिएशन) तथा समग्राकृति सिद्धान्त (गेस्टाल्ट सिद्धान्त) के नाम से जाना जाता है। पहले सिद्धान्त के अनुसार शब्द एक स्वायत्त इकाई है और शब्दों की शृंखलाबद्ध संयोजित इकाई ही वाक्य है। इसलिए आरम्भ में वैयाकरण भाषा का शब्दाश्रित अध्ययन करते हैं (यास्क और पाणिनि आदि)।

दर्शन के मीमांसा सम्प्रदाय ने भाषा के वाक्याश्रित अध्ययन को वैज्ञानिक माना। भर्तृहरि के अनुसार श्रोता या ग्राहक के मन में या उसके बोध-व्यापार में शब्द का नहीं, वाक्य का बिम्ब रहता है। मीमांसा का एक सम्प्रदाय यह भी मानकर चलता है कि हम पहले शब्दार्थ करते हैं और वाक्यार्थ साथ ही विकसित होता जाता है। दूसरे सम्प्रदाय के अनुसार अर्थ वाक्य के सन्दर्भ में ही होता है। वाक्य एक समग्राकृति (गेस्टाल्ट) है, समग्र अर्थ वाक्य से ही प्रकट होता है।

काव्यानुवाद को अर्थ के दोनों ही स्तरों पर सजग रहना होता है। अधिकतर तो शब्दानुवाद के बाद ही वाक्यार्थ भाषान्तरित होता है, अनुवादक को वाक्यार्थ के अनुवाद से सन्तुष्ट होना पड़ता है। नैयायिक सुनिश्चित शब्दार्थ या वाक्यार्थ से सन्तुष्ट हो जाते हैं, पर काव्यानुवादक को अर्थ के भावात्मक, सांस्कृतिक और सन्दर्भात्मक पक्ष का भी ध्यान रखना पड़ता है। भाषावैज्ञानिक व्याकरण 'जेनेरेटिव ग्रामर' तथा रचनान्तरण व्याकरण (ट्रांस्फॉरमेशनल ग्रामर) से व्यंजनार्थ तक जाता है—बौद्धिक और तार्किक अर्थ के पार की भावात्मक-सांस्कृतिक अर्थ-व्यंजना या 'इमोटिव मीनिंग' (रिचर्ड्स) तक।

काव्यानुवादक के लिए अर्थ का आलंकारिक रूपान्तरण भी महत्त्वपूर्ण है, इसलिए अक्सर उसे अन्तर्वाक्य तक डुबकी लेनी होती है और अर्थलय के विभिन्न 'रजिस्टरों', भाषिक मार्मिकता के अलग-अलग स्तरों से तारतम्य बिठाना पड़ता है।

जॉर्ज चैपमैन (1959-1634) ने इलियड के सन्दर्भ में काव्यानुवाद के तीन सूत्र प्रस्तावित किये हैं :

- शब्द-प्रतिशब्द अनुवाद से बचा जाये।
- मूल की भावना तक पहुँचने का प्रयास किया जाये।
- विद्वत्ता या अतिशय आलंकारिकता अनुवाद का प्रवाह बाधित न करे।

सत्रहवीं शताब्दी के इंग्लैण्ड में जॉन ड्राइडन (1615-69) ने भी काव्यानुवाद में शब्दानुगामिता का विरोध किया और मूल पाठ का केन्द्रीय तत्त्व ग्रहण कर लक्ष्य भाषा में उसके पुनर्सृजन की बात कही।

उन्होंने अनुसरण (इमिटेशन) को भी काव्यानुवाद की एक पद्धति माना। अट्ठारहवीं शताब्दी में पोप (1688-1744) ने ग्रीक कवियों के इमिटेशन छपाए भी। डॉ. जॉनसन (1704-84) ने इस सन्दर्भ में एक महत्त्वपूर्ण टिप्पणी की कि जिस प्रकार लेखक अपने समकालीन पाठक के लिए लिखता है, अनुवादक अपने समकालीन पाठक के लिए अनुवाद करता है। उन्होंने काव्यानुवादक को ऐसा चित्रकार या अनुकर्ता कहा जो मूल के प्रति निष्ठावान होते हुए भी उद्दिष्ट दर्शक के हितों का ध्यान रखता है।

रिटलर (1791) ने भी काव्यानुवाद के तीन सूत्र प्रस्तावित किये :

- भावानुसरण
- शैली का अनुसरण
- मूल की प्रबोधता।

अनुवाद में मूल की भावना इस प्रकार संक्रान्त हो कि पाठकों में उतनी ही तीव्र अनुभूति जगे जो मूल के पढ़ने पर जगी थी। यही प्रभावसमता का सिद्धान्त है जिसका प्रभाव रोमैंटिकों पर भी रहा। विक्टोरियन काव्यानुवादकों के मन में एक ख़ास बात यह जगी कि विदेशी भाषाओं की प्राचीन रचनाओं के अनुवाद में विदेशीयता और प्राचीनता की हानि न हो। इनके ज़्यादातर काव्यानुवाद शब्दानुसार हुए। बीसवीं शताब्दी में काव्यानुवाद नाइडा और चॉमस्की-प्रभृत भाषा वैज्ञानियों के भाषिक सिद्धान्तों के आलोक में फले-फूले। नाइडा ने कहा कि प्रत्यक्ष प्रक्रिया द्वारा जो अन्तरण होता है, मूल की सतही संरचना के स्तर पर, जबकि परोक्ष प्रक्रिया के तहत वह पाठ की गहन संरचना में भी जाता है जहाँ पाठ का अपरिवर्तनीय मूलभाव स्थित होता है, उसे ही तलाश कर प्रोक्ति भाषा में उसे अन्तरित करना काव्यानुवाद का मूल धर्म है।

चॉमस्की भी मानते हैं कि भाषाओं के बीच का अन्तर तल-संरचनाओं का अन्तर है। तल-संरचनाएँ महज ऊपरी सतह की आकस्मिकताएँ हैं जबकि भाषा को गढ़ने का केन्द्र इसके बहुत नीचे गहन संरचनाओं में स्थित होता है जिन्हें चॉमस्की मानव-मन का एक नैसर्गिक अवयव मानते हैं। उनका निष्कर्ष है कि मनुष्य की भाषाओं का

एक सामान्य स्थापत्य होता है। इस सार्वभौम घटक की धारणा में ही अनुवाद की व्यावहारिक प्रविधि छिपी थी जिसे नाइडा ने विस्तार दिया।

नाइडा के अनुसार

1. स्रोत भाषा के संरचनात्मक रूप से अत्यन्त सामान्य अर्थ का बीज-पाठ तैयार हो।
2. फिर प्रोक्ति भाषा का अर्थ लक्ष्य भाषा के सामान्य सरंचनात्मक स्तर पर स्थानान्तरित हो।
3. लक्ष्य भाषा मूल के शैलीगत और अर्थगत समतुल्य की अभिव्यक्ति हो।

इस अनुवाद चिन्तन का आधार गत्यात्मक समतुल्यता है और गत्यात्मक समतुल्यता की धुरी अर्थ की वास्तविक पहचान। एक भाषा की गहन संरचना से दूसरी भाषा की गहन संरचना में स्थानान्तरण भाव की समानुभूति के सहारे सम्पन्न हो जाता है। इसे ही वे गत्यात्मक समतुल्यता कहते हैं। नाइडा ने ऊपरी समतुल्यता से श्रेयस्कर इसे माना है। कालिदास के काव्यनाटकों का अनुवाद करते हुए श्री अरविन्द ने भी इससे मिलती-जुलती बात कही थी :

"अनुवाद का अर्थ समतुल्य शब्दों का पुनरुत्पादन नहीं, उसका सम्बन्ध समतुल्य बिम्ब, समतुल्य अनुषंग एवं समतुल्य कवितात्मक सौन्दर्य की पुनर्रचना से है जिसमें मूल की ख़ुशबू बसी है।"

जर्मनी के वि-शैनशॉफ्ट स्कूल के प्रमुख विचारक वादे के अनुसार समतुल्य, वेकल्पिक समतुल्य, आसन्न समतुल्य और निष्प्रभावी समतुल्य के सहारे काव्यानुवाद हुआ करते हैं। लाइपजिंग स्कूल के फिलीयेक के अनुसार एक समतुल्यता संरचनात्मक भी होती है जो शब्द को अलग-अलग न देखकर एक इकाई के रूप में देखे जाने पर ज़ोर देती है।

परिचालन स्कूल के विचारक लेफेवेर मानते हैं कि पूर्ण अर्थ की प्राप्ति कठिन है, इसलिए अनूदित पाठ मूल का परिवर्तन नहीं, अपवर्तन है। हिन्दी में हरीश त्रिवेदी, पूरन टण्डन, अवधेश कुमार सिंह, सुरेश सलिल, राजेन्द्र पाण्डे, ज्योति चावला, हरीश नारंग, रणजीत साहा और

रमण ने अनुवाद सिद्धान्तों की यथेष्ट व्याख्या की है। अंग्रेज़ी कविता के हिन्दी अनुवाद की भी अत्यन्त समृद्ध परम्परा बनती है। नर्सरी राइमों से लेकर शेक्सपियर, शेली, एलियट, टेड ह्यूज आदि तक और उधर एमिली डिकिन्सन से सिल्विया प्लाथ तक की कविताओं के कई सप्राण अनुवाद हुए हैं। अन्य विदेशी कवियों के अनुवाद में भी अंग्रेज़ी ने अच्छे बिचौलिए की भूमिका निभाई है। रिल्के, लोर्का, पाब्लो नेरूदा और जिग्न्यू हर्बेटे के अनुवाद अत्यन्त लोकप्रिय भी हुए हैं।

कुल मिलाकर कहें तो काव्यानुवाद सिर्फ़ शब्दानुवाद नहीं है, दो पाठों के बीच एक अन्तरंग दोस्ती है। दोस्ती में क्या होता है? दोनों थोड़ा-थोड़ा ऐडजस्ट करते हैं—एक-दूसरे के स्वभाव के अनुसार :

आओ, हम समझौता कर लें
तुम जीतो मैं हार न पाऊँ,
तुम अपना पथ ज्योतित कर लो,
मैं पथ में अंगार न पाऊँ

चुप सहने की आदत मेरी
कहीं तुम्हें गुमराह न कर दे।
प्रभु का यह वरदान नहीं कम,
मेरे मौन पुकार सकें जो!

मेरे सौ-सौ गान बहुत कम,
कर तुमको साकार सकें जो।

श्यामनन्दन किशोर की इन पंक्तियों के आश्रय समझें तो आधार-भाषा और अनुवाद-भाषा के बीच एक सम्यक् रिश्ता कायम होता है, एक प्रजातान्त्रिक स्पेस जिसमें किसी तरह की अहमन्यता के लिए कोई स्थान नहीं होता। अख्मतोवा के महान अनुवादक स्टेनली ने एक बार एक अन्तर्वीक्षा में कहा : "Purism in literature (and in translation) may be as destructive as fanaticism in religion." (साहित्य या साहित्यानुवाद के लिए शुद्धतावाद उतना ही विध्वंसक हो सकता है जितना धर्म के लिए धार्मिक उन्माद)।

महान काव्यानुवादकों ने काव्यानुवाद की अलग-अलग प्रक्रियाएँ अपनाई हैं, सब पढ़-सुनकर आगे आने वाले युवा अनुवादकों के लिए एक राह बतायी जा सकती है कि आप सुगमता से आगे बढ़ें, आधार-भाषा जिसकी मातृभाषा हो, उससे दोस्ती करें और यह अनुरोध कि वह आधार-पाठ का शब्दानुवाद आपके लिए कर दे। उन प्रच्छन्न अर्थसंकेतों की आपको पूरी जानकारी हो जिनसे गुज़रते हुए रचना 'गढ़ी' गयी और फिर एक लम्बी यात्रा करके आप तक पहुँची। रचनाकार से ही नहीं, उसके रचयिता परिवेश, उसके माँ/बाप से भी आपकी अन्तरंगता अपेक्षित है। अच्छे स्त्रीवादी की तरह का व्यवहार अच्छे अनुवादक का होता है, कभी भी वह कुछ बलात् नहीं थोपता, पूरे धीरज और संयम से काम करता है, संवेदनशील होता है और श्रम की गरिमा समझता है। इतना कुछ होमवर्क हो जाये तो फिर काव्यानुवाद के पहले प्रारूप के लिए बैठना चाहिए। ख़ुद भी सारी आधार-सामग्री और आधार-रचना का सस्वर पाठ तीन-चार बार ऐसे करना चाहिए कि वह हृदयंगम हो जाये, हृदय-छन्द से एकाकार। उसके बाद आधार-पाठ की संरचना बरकरार रखते हुए एक-एक वाक्य का अनुवाद कर देना चाहिए। जिस शब्द पर मूल-रचना में पंक्ति ख़त्म होती है, अनुवाद में भी ख़त्म हो—बिल्कुल ज़रूरी नहीं है, ख़ासकर तब जब भाषा-परिवार बदल जाएँ—SVO (सब्जेक्ट-वर्ब-ऑब्जेक्ट) और SVO (सब्जेक्ट-ऑब्जेक्ट-वर्ब) वाली भाषाओं में उस तरह का तालमेल नहीं बैठ सकता जैसे हिन्दी-बांग्ला में। फिर भी एक पंक्ति में शब्द-संख्या उतनी ही रखी जाये तो बाहरी संरचना बरकरार रहती है। सम्भ्रान्त शब्द-समूह का अनुवाद सम्भ्रान्त शब्द-समूह से कर लें पर बातचीत की सहज-सरल लय में। कई बार तो आप शब्दों का ध्वनि-साम्य भी बरकरार रख सकते हैं—जैसे 'tumult' का अनुवाद 'तुमुल कोलाहल' हो सकता है। यह भी हो सकता है कि मूल भाषा-भाषी कविता का सारांश गद्य में आपको लिखकर दे दे! यदि वह आपकी भाषा लिखने की स्थिति में न हो तो स्वयं उसके साथ बैठें और वह जैसा भी टूटा-फूटा समझाए, उसे व्यवस्थित भाषा में लिख लें।

ये दोनों काम थिसॉरस या शब्दकोश भी आपके लिए कर सकता है किन्तु मानुष-गन्ध का, प्रत्यक्ष मानवीय स्पर्श का स्थानापन्न कोई भी वस्तु नहीं हो सकती : चाहे वह शब्दकोश-जैसी धड़कती हुई शै ही क्यों न हो। हाँ, शब्दकोश से उच्चारण या शब्दार्थ क्रॉसचेक किए जा सकते हैं, उनका सतर्क मिलान किया जा सकता है क्योंकि मानवोचित भूलों की सम्भावना से इनकार नहीं किया जा सकता।

अब जब सारा कच्चा माल (शब्दार्थ, व्यंग्यार्थ, सारांश और शब्द-सन्दर्भ) आपके अपने घर आ गया यानी कि आपकी अपनी भाषा में, आप वहाँ उसका स्वागत अपने ढंग से कर सकते हैं। यह मामला कुछ-कुछ नयी वधू के स्वागत वाला है। आपके भाषा-घर के संस्कारों के अनुसार यह रचना ढलेगी ज़रूर लेकिन वहाँ कोई जबर्दस्ती नहीं करनी चाहिए—कुछ ऐसा करना चाहिए कि उसके मूल संस्कारों का क्षरण न हो, उसके अपने व्यक्तित्व की आभा न मिटे, उसको व्यक्तित्व-विलोपन का दुख न झेलना पड़े जो आम स्त्रियों को नये घर में झेलना पड़ता है।

आधार-पाठ को अपने भाषा-घर की परम्पराओं में ढालने के पहले यह ज़रूरी है कि उसके इतिहास-भूगोल, उसके राजनीतिक-सांस्कृतिक हादसों या सुखद क्षणों का हमें अन्दाज़ हो। सबसे ज़्यादा गहरा द्वन्द्व वहाँ होता है जहाँ सांस्कृतिक पर्याय जुटाने की ज़रूरत होती है। महान रचनाएँ अपने नैतिक भूगोल, अपने स्थानीय रंग-रुतबे से नाभिनालबद्ध होती हैं। बच्चे के जन्म के वक़्त तो नाभिनाल कट भी जाता है, लेकिन मिट्टी से गहरे जुड़ी महान रचनाएँ नाभिनाल कटते ही मुरझाने लगती हैं। उनका अर्थ, संगीत, नाद-सौन्दर्य और कभी-कभी उनकी बिम्बशृंखला भी स्थानीय परिवेश से इतनी गहरी जुड़ी रहती हैं कि किसी नयी भाषा में उनका अवतरण असम्भव हो जाता है। कुछ पौधे आप थल्ला मारकर नयी मिट्टी में रोप सकते हैं लेकिन सारे पौधे नहीं।

'ज्यों-की-त्यों धर दीनी चदरिया' की तकनीक कई बार काम नहीं करती और तब अनुवादक अच्छे मध्यस्थ की तरह सांस्कृतिक पर्याय जुटाने को मजबूर हो जाता है। चूँकि अनुवादक का मुख्य धर्म है दो संस्कृतियों के बीच एक सजग संवाद आयोजित करना, अभेद्य/दुरूह/

गझिन प्रसंगों (अपोरिया या भाषिक अवगुंठन) की विसंरचना उसकी ख़ातिर ज़रूरी हो जाती है, वह कई गहरी जड़ों वाले, 'रूटेड' बिम्बों का सहज भाष्य करने को विवश हो जाता है। ऐसा करते हुए उसे ध्यान सिर्फ़ एक बात का रखना चाहिए कि इससे पाठ का नैतिक या राजनीतिक आवेग और अर्थ-वैभव बाधित न हो। एक उदाहरण से बात स्पष्ट की जा सकती है जहाँ नयी भाषा के पाठक से पाठ की अन्तरंगता कायम करने की ख़ातिर थोड़े से सांस्कृतिक पर्याय जुटा दिये गये हैं। यहाँ काव्य-कौतुक के हित में थोड़े से भाष्य की भी छूट इस अनुवादक ने ली है लेकिन चूँकि यह अर्थ-विस्तार में सहायक है, यह छूट खटकती नहीं :

Will no longer repeat the spoken words
But in memory to that non-meeting
I will plant a sweetbrier
The miracle of that non-meeting shone and sang there
I did not mean to return anywhere from there, happiness
instead of duty
Was my bitter sweetness
I talked with him. who is not needed,
I talked for a long time
Let passion choke lovers
Demanding an answer,
But we, my darling, are only
On the edge of the earth.

अब नहीं दोहराने वाली मैं
अनदिये वक्तव्य
अधूरे मिलन की याद में
बो दूँगी बस मैं शकरगुलाब,
वह वहाँ चमक रहा था और गा भी रहा था

उस अघट मिलन का जादू।
और मुझे जाना कहाँ था अब यह जगह छोड़कर।
कर्त्तव्य नहीं, यह ख़ुशी
(थी सच्ची-मुच्ची)
(निखुरी-उखड़ी कच्ची खटमिट्टी)
बतियाई मैं उससे देर तलक जिसकी किसी को ज़रूरत नहीं थी,
देर तलक बतियाई।
अवरुद्ध होने दो कण्ठ प्रेमियों के
जो चाहते हैं उत्तर
हम तो, भाई, जीव हैं हाशिए के।

निष्कर्ष : कविता का अनुवाद : एक अन्तरंग अनुभव

'देखने में छोटन लगे, घाव करे गम्भीर' वाली बात नावक के तीर पर लागू न भी हो, हिटलर, नेपोलियन, कविता और नाटे बैलों पर ज़रूर लागू होती है। इन्हें नाथना और अनुकूलित कर लेना हमेशा से मुश्किल रहा है। अपनी ज़मीन से भी वे ज़्यादा जुड़े होते हैं। वैसे भी जो कम बोले, उससे ज़्यादा डर लगता है।

कविता स्वभाव से ही कमसुखन है—तौल-तौलकर बोलने वाली—वह भी इशारों में, बिम्बों-प्रतीकों में। बिम्ब-प्रतीक अक्सर कीलित होते हैं—काल में, स्थान में। उन्हें थल्ला मारकर नयी ज़मीन में, नयी भाषा में बोना बहुधा आसान नहीं होता। अक्सर सांस्कृतिक पर्याप्त टटोलते होते हैं, कभी कोई शब्द से रीटेन भी करना पड़ता है—पाद-टिप्पणियों के आश्रय। सरकारी निमन्त्रण पत्रों पर लिखा रहता है—अहस्तान्तरणीय! कविता तो ऐसे सारगर्भित शब्दों का साम्राज्य ही है मानो।

'ज्यों-की-त्यों धर दीनी चदरिया' तो फिर भी गनीमत है, ज़्यादा छक्के सांस्कृतिक पर्याय ढूँढ़ने में छूटते हैं—ख़ासकर तब जब आधार-भाषा आपकी मातृभाषा न होकर पितृभाषा हो यानी बाद में सीखी हुई भाषा जिससे लीलामय छेड़-छाड़ करते हुए आपका दिल ज़रा धड़के।

सामान्य तौर पर तो यह बात ठीक है कि अपनी भाषा में, अपने मायके में कविता या कोई भी रचना चाहे जितनी भी लाडली रही हो, जब उसे दूसरे भाषा-घर में ब्याहा जाता है—वह थोड़ा सहम जाती है और नये परिवेश में समंजित कराने के तनाव भी अनुवादक के ही होते हैं। उसको यह देखना होता है कि ज़रूरत से ज़्यादा उसका डोमेस्टिकेशन या अनुकूलन न हो, जो नये शब्द-सन्दर्भ उसके गले नहीं उतर रहे, जबर्दस्ती उसे घुटाए न जाएँ...और न ही उसका अपना विदेशीपन या परायापन इस क़दर आड़े आये कि नयी अम्मा उससे बतियाते डरें। कभी-कभी उसकी बातें अनुवादक को अपने लोगों के लिए डीकोड भी करनी होती हैं, कभी कुछ गोल भी कर जाना होता है। और यह सब करते हुए उसकी स्थिति कभी तो प्रेमचन्द की 'गृहनीति' के नायक-सी होती है, कभी 'सारा आकाश' के नायक-सी तो कभी लोकगीत वाले आगरे के लाला-सी जो 'अमरीकी दुल्हन लाया रे!' कभी-कभी 'सदी के सबसे अच्छे आदमी' की तरह का घरजमाई भी बन जाना पड़ता है, ख़ासकर तब जब ऐतिहासिक और मनःसामाजिक कारणों से आपकी आधार-भाषा की राजनीतिक प्रभा क्षीणतर हो।

यह तो मानी हुई बात है कि दुनिया के ज़्यादातर कृत्यों की तरह अनुवाद भी एक राजनीतिक कर्म है। जब तक हमारा समाज पदानुक्रममुक्त नहीं होता, तब तक यह राजनीतिक वैताल विक्रमादित्य के काँधे विराजता रहेगा—तरह-तरह के सवाल पूछता हुआ। स्त्री-विमर्श के आश्रय यह बात कहने की कोशिश करूँगी कि स्त्री का चेहरा सिर्फ़ स्त्री का चेहरा नहीं है, वह एक रूपक भी है। दुनिया के हर वंचित का चेहरा स्त्री का चेहरा है। गरीबी का चेहरा तो स्त्री का चेहरा है ही, हर विस्थापित, दलित, अल्पसंख्यक, विकंलाग- बेरोज़गार और शान्तिप्रिय व्यक्ति का चेहरा एक स्त्री-चेहरा है जिसे कभी -न-कभी "Kiss Kiss, Kill Kill" की दुर्दान्त राजनीति सताती ही है। इस क्रम में देखा जाये तो हर उस अनुवादक का चेहरा भी स्त्री चेहरा है जिसकी आधार-भाषा उपनिवेशन का शिकार रही है और जिस पर सारी योग्यताओं के बावजूद सरकारी स्कूल से पढ़े हुए होने या पिछड़े इलाके से आने का असमंजन

अभी कायम है, जो आत्मविश्वास की उस सरहद तक नहीं पहुँचा जहाँ से हँसकर सारी बलाओं को कहते हैं—धत्त।

यहाँ फिर से रेखांकित करूँ कि जब विदेशी भाषा से अपनी भाषा में कुछ लाते हैं, अनुवादक की शेरशाही कायम रहती है और वह एक लीलाप्रवण उदार पुरुष या अकुण्ठ स्त्री के रूप में सामने आता है। पर जब अपनी भाषा से विदेशी भाषा में चीज़ें विदा करनी होती हैं तो उसकी चौकसी एक परेशान स्त्री के चौकन्नापन में अनूदित हो जाती है। उस समय उसको सबवर्शन (मज़ाकिया कलाबाजी या गदहपटका) की नीतियों के तहत भी कभी-कभी रिटेंशन (ज्यों-का-त्यों रख लेने) की तकनीकें आजमानी पड़ती हैं। कभी-कभी पाद-टिप्पणियाँ ज़रूरी हो जाती हैं, पर बहुत फुटनोटिंग से बचना चाहिए। यह भी एक तरह से चरणों में लोटने का या कठघरे में खड़े होकर अपनी सफ़ाई दिये जाने का मामला हुआ जिससे गुरेज करना ज़रूरी है। इससे ज़्यादा सरल और न्यायसंगत है कि कोई रूढ़ पद परम्परा से आया है तो उसका अर्थ- विस्तार वहीं पर, उसी पंक्ति में एक पैरेंथेसिस (या कोष्ठक) जुटाकर दें। इससे कविता का कुछ नहीं बिगड़ता, क्योंकि वह स्वभाव से संवादात्मक होती है, इन अध्याधारों से इसकी बातचीत वाली लय और अधिक गहरा जाती है।

अंग्रेज़ी साहबों की भाषा रही है, राजकाज की भाषा, इसलिए वह स्वभाव से ही अंडरस्टेटमेंट की भाषा है। हिन्दी की प्रकृति मस्त-मलंग पुरधायन की प्रकृति है—खुलकर बतियाने वाली, बतरस का लुत्फ़ उठाने वाली, इसलिए कई बार ऐसा होता है कि अंग्रेज़ी से हिन्दी में चीज़ें लाते हुए भाषिक रजिस्टर बदलने पड़ते हैं। इसे लेकर कोई अपराध-बोध नहीं होना चाहिए क्योंकि इससे कविता अपने लोगों के बीच अधिक सुग्राह्य हो जाती है। रजिस्टर बदलने का ख़तरा ख़ासकर उन स्थितियों में उठाया जाना चाहिए जब काल और स्थान—दोनों ही दृष्टियों से कविताएँ 'रिमोट' या पूर्ववर्ती हों यानी न उनका नैतिक भूगोल मिलता-जुलता हो न कहन-शैली मिलती-जुलती हो। अपने छात्रों के लिए मैंने चॉसर, जॉन डन, वर्डस्वर्थ, कोलरिज, ब्राउनिंग, हाप्किन्स, एलियट, येट्स, फिलिप लार्किन, टेड ह्यूज, सिल्विया प्लाथ और मार्च पियर्सी के अनुवाद किये हैं।

इन्हें पुराना स्वेटर उधेड़कर उसे नये डिजाइन में बुन लेने का उपक्रम भी समझा जा सकता है। इस अनुवादक के पास एक उपाय यह था चॉसर का अनुवाद करते समय उनके समकालीन, विद्यापति के भाषिक रजिस्टर सामने रखे जायें, मेटाफिजिकल कवियों का अनुवाद कबीर आदि की सधुक्कड़ी भाषा में, रोमैंटिक कवियों का अनुवाद छायावादी संस्कार की भाषा में कर लिया जाए। आधुनिक कवियों के अनौपचारिक भाषिक तेवर ज्यों-का-त्यों रखते हुए सिर्फ़ सांस्कृतिक पर्यायों से काम चला दिया जाए। मगर इससे पाठ से समकालीन पाठक की वह अन्तरंग गपशप हो नहीं पाती जो कि रचना चाहती है। आपकी नानी जैसा सोहन हलवा बनाती थीं, आपकी माँ वैसा लहरदार और चपाचप हलवा बनाएँ तो आप उल्टी करने लगेंगे। ऐसा नहीं कि माँ वैसा हलवा अपने भाषिक कड़ाह में उतार नहीं सकती, पर क्यों उतारे जब बच्चों का आस्वाद बाधित होता है : बानगी के तौर पर पुराने पकवान चखा दिये जाते हैं मगर रोज़ के खान-पान में माँ उनके परिवर्द्धित संस्करण ही बनाती है। वह उन्हें परोसती भी ऐसे ही है कि वे खा-पचा लें।

स्त्री कवियों का अनुवाद स्त्रियों को हरदम से ज़्यादा सुखद लगता है, शायद इसलिए कि आन्तरिक भाषिक संरचना का छन्द उनके भीतरी छन्द से मिलता-जुलता है। और उससे लाड़-भरी छेड़-छाड़ भी वे ज़्यादा कर पाती हैं। तकनीकी भाषा में इसे इंटरसिमिऑटिक अनुवाद कहेंगे। यहाँ ध्यान सिर्फ़ इतना रखा जाना चाहिए कि लाड़-भरी छेड़छाड़ बलात्कार न बन जाये, आत्मसातीकरण की कोशिश अनुवाद को उग्र तेवर न दे जाये। साहित्य और अनुवाद, दोनों हैं तो एक प्रजातान्त्रिक स्पेस ही, जबर्दस्ती यहाँ मानवीय गरिमा का हनन है। अन्तःपाठीय प्रयाण एक अलग चीज़ है लेकिन यदि पूरा- का-पूरा पाठ किसी और का है जिसे आप पसन्द करते हैं तो उसकी नाक में नकेल तो नहीं ही डालेंगे आप। जो भी होगा, गेम-थेयरी के अन्तर्गत होगा।

इस सन्दर्भ में अनुवादकों को फ्रांस की 'मेनीसाइज़' तकनीक से बहुत लाभ हुआ है। फ्रेंच में इस शब्द का अर्थ है बुनावट अनुवाद : यह अलग- अलग भाषिक और सांस्कृतिक धागों की गझिन बुनावट है,

कुछ इस तरह कि अलग-अलग धागे अपनी अस्मिता, अपना इतिहास और अपना नैतिक भूगोल कायम रखें और एक ऐसा पैटर्न-सा उभरे जो स्वेटर में उभरता है, जैसे उस महिला के स्वेटर में जो 'अ टेल ऑफ़ टू सिटीज' के सराय के दरवाज़े पर बैठकर क्रान्तिकारियों के लिए क्रान्ति का नक़्शा बुनती है और स्वेटर के पैटर्न में ही इशारे करती जाती है कि मुड़ना कहाँ है, कब क्या करना है। कभी-कभी कूट संकेतों की ज़रूरत होती है, जैसे 'द ब्रेस्ट गिवर' के रूप में 'स्तनदायिनी' का अनुवाद जो गायत्री ने किया, 'द वेट नर्स' के रूप में नहीं, उसके अपने तर्क थे। अस्मिता का विकेन्द्रीकरण यही है। वैसे तो कथ्य और शिल्प जुड़वाँ भाई-बहन हैं पर बात बनती तो है 'अन्दाज़े-बयां' से ही। पोएटिक्स कविता और भाषण में फ़र्क़ करता रहेगा। एथिक्स जब ऐस्थिटिक्स के संग घुमरी-परैया लगे खेलने तभी वो पोएटिक्स बनता है, बात असल में आकर रुकती है गेम-थेयरी के प्रजातान्त्रिक वैभव पर—

खेलत में को काको गुसैयाँ

जिसे अपिआह 'थिक ट्रांसलेशन' कहते हैं—पाद-टिप्पणियों से लहालोट, उससे ज़्यादातर अनुवादक घबराते हैं। वैसे भी कविता कहती है—तुमुल कोलाहल कलह में, मैं हृदय की बात रे मन। अनुवाद भी ये ही कहता है। मगर अनुवाद का अर्थ वजूद खोना नहीं है। सहज ढंग से भी अपने पक्ष पर कायम रहना सम्भव है, जैसा कि डिलैन टॉमस ने इशारा किया "Do not go gently with that good night". उदाहरणार्थ, शेक्सपियर के एक संवाद का अनुवाद सामने रख रही हूँ—

> बट मैन, प्राउड मैन
> ड्रेस्ड इन अ लिटल ब्रीफ अथारिटी
> मोस्ट इग्नोरेंट ऑफ़ वॉट ही इज़ मोस्ट ऐश्योर्ड
> हिज़ ग्लासी एसेंस, लाइक ऐन ऐंग्री एप,
> प्लेज़ सच फैंटास्टिक बिफोर हाइ हेवेन, इट वीप्स।
> शेक्सपियर (मेजर फॉर मेजर)

×　×　×

पर आदमी मद में चूर
झाड़े सत्ता का टुइयाँ लिबास
अनजान उसी बात से जिस पर आश्वस्त है सबसे ज़्यादा
काँच का उसका वजूद ग़ुस्सैल वानर-से करतब दिखलाता
कुछ इस तरह जन्नत के आगे, रो पड़ते हैं देवगण।

यहाँ 'ड्रेस्ड इन अ लिटल ब्रीफ अथारिटी' का अनुवाद 'झाड़े सत्ता का टुइयाँ लिबास', कुछ ठेठ तो ज़रूर है लेकिन इससे सत्ता की हेकड़ी फिस्स बोलती हुई जान पड़ती है—कम-से-कम अपनी देशज परम्परा में यों ही हम अपना विरोध दर्ज करते हैं। तो कभी-कभी बहुत 'शिष्ट' भाषा का प्रयोग भी युक्तिसंगत नहीं होता। हिन्दी के ज़्यादातर काव्यानुवाद इस बात पर विशेष सजग रहे हैं।

भारतीय कविता अनुवाद श्रृंखला

आप सबने बचपन में यह खेल जरूर खेला होगा जिसमें हाथ पकड़कर खड़े हो जाते हैं सब प्रतिभागी और एक विशाल गोल घेरा बना लेते हैं एक ऐसे व्यक्ति के चारों तरफ जो 'चोर' कहलाता है। लोककथाओं के चोर की तरह ही देहाती खेलों के चोर भी अनूठे जीव होते हैं—माखनचोर और चरणदास चोर की श्रेणी के ऐसे आकर्षक जीव जो दिल चुरा लेना भी जानते है और विकट घेरेबन्दियाँ फलाँगना भी।

यह पूरा खेल उत्तर-औपनिवेशिक अभियान की तरह पढ़ा जा सकता है। फिलहाल इसे भारतीय कविता अनुवाद श्रृंखला का प्रयोजन रेखांकित करने वाले एक रूपक की तरह पढ़ते हैं। यह समय की माँग है कि उपनिवेश रह चुके भूखण्डों की सारी भाषाएँ हाथ पकड़कर एक विराट गोल घेरा बनाएँ—अँगरेजी और उन तमाम वर्चस्वी भाषाओं के चारों तरफ, और अनुवाद आदि में उनका इस्तेमाल ऐसे करें जैसे कैदियों की ऊर्जा का इस्तेमाल (उनके ही उन्नयन के लिए) किया जाता है—उनसे कालीनें बुनवाकर, क्राफ्ट की और चीजें बनवाकर, ध्यान-व्यान सिखाकर, पत्थर तुड़वाकर।

अनुवाद उन्नयन का सहज-सुन्दर अभियान है : तंग घेरेबन्दियाँ तोड़कर निजता का घेरा बढ़ाने और उसे सर्वसमावेशी बनाने का एक सहज उपाय। यह खिड़कियाँ खोलने जैसा है : प्रतिवेशी भाषा से 'हलो' कहने जैसा। हर भाषा जीवन जगत की विडम्बनाओं की ओर खुलने वाली एक खिड़की है। जिसके पास जितनी खिड़कियाँ होंगी, जीवन की जटिलताएँ वह उतने ही कोणों से समझ सकता है। अन्तःकरण का आयतन बढ़ाने का यह उपाय भारत, ग्रीस, चीन, मेसोपोटेमिया आदि प्राचीन संस्कृतियों ने बहुभाषिक होकर ही आजमाया—वह भी अनुवाद के सहारे और इसी के सहारे सांस्कृतिक संकट की घड़ियाँ सांस्कृतिक संवाद की घड़ियाँ बन पायीं—जैसे भक्तिकाल में जब सिल्क सूट पर घोड़े दौड़ाते सूफी, कलन्दर और व्यापारी आये और 'बाजार' में सबकी खबर लेने और सबको खबर देने वाली जनभाषाएँ सबसे पहले उनकी ओर उन्मुख हुईं। वे भी जनभाषाओं की ओर ही उन्मुख हुए और अन्तःषाठीय गपशप का खूबसूरत सिलसिला बनकर सामने आये भक्ति और सूफी काव्य।

एक दूसरी तरह का बाजार आज हमारे सामने खड़ा है। चुनौती यह है कि Sweet are the uses of adversity का सूत्र विकसित करते हुए अनुवाद को सांस्कृतिक शक्ति-सन्तुलन का साधन हम कैसे बनायें। मेरे मत में काव्यानुवाद इसका एक बड़ा साधन है। कविता में यथार्थ को स्वप्न की तरह बाँचने की ताकत होती है और संकट के समय कविता का सस्वर पारायण हमारी नैतिक उर्जस्विता बढ़ाता है। शायद इसी कारण सिविल राइट्स मूवमेंट से लेकर अश्वेत आन्दोलन तक पेंग्विन इंडिया एंड हार्पर कॉलिन्स इंडिया ने लगातार सब संकटापन्न देशों की कविताओं के द्विभाषिक अनुवाद छापे और मैं तो समझती हूँ कि भारत जैसे नवस्वतन्त्र देश की अलग-अलग भाषाओं के सब महत्त्वपूर्ण कवियों में मॉडर्निज्म की चेतना जो धीरे-धीरे विकसित हुई, उसमें पेंग्विन से प्रकाशित इस अनुवाद श्रृंखला की बड़ी भूमिका है।

वाणी प्रकाशन की भारतीय कविता अनुवाद-शृंखला धीरे-धीरे विश्वकविता अनुवाद शृंखला होने की ओर बढ़ेगी, ऐसा मुझे लगता है। पहले तो हम घर में ही खुलकर बोलें—बतियायें, फिर पड़ोस से, उसके बाद पूरे संसार की कविताएँ भारतीय भाषा-घर में आलथी-पालथी मारकर बैठें—तुमुल कोलाहल-कलह में हृदय की बात कर लेने का विराट सिलसिला शुरू हो।

—अनामिका

के. सच्चिदानन्दन

अपने सब समर्थ समकालीनों की तरह सच्चिदानन्दन भी बहुपठित, बहुश्रुत व्यक्ति हैं। बहुपठित, बहुश्रुत व्यक्ति के लिए 'पढ़े' और 'सुने' हुए का फलक विस्तृत हो और गहराई से आत्मस्थ किया हुआ भी तो उसकी अनुगूँजें उनके अपने भोगे हुए का अन्तरंग हिस्सा हो जाती हैं—जैसे सच्चिदानन्दन के यहाँ बीथहोवन और किशोरी अमोनकर का संगीत, पेसोवा की बीथहोवन और युद्ध के रिपोर्ताज़ आदि।

सच्चिदानन्दन की कविताएँ गहरे अर्थों में अन्तःपाठीय हैं। पढ़े-लिखे, देखे, भोगे, सुने-गुने सबकी सूक्ष्म तरंगों से गहन संवाद साधती ये कविताएँ सचमुच ही परतदार हैं और अनुवाद के लिए एक चुनौती भी! अर्थ की पचाखियाँ छूटती हैं इनके बीज-बिम्बों से और एक उत्कट भूमिका और फुटनोटिंग के बिना इनकी अनेक अर्थछवियाँ आधी ही खिलती हैं। पर इस आधे खिलने का भी अपना सौन्दर्य है, इसलिए 'थिक ट्रांसलेशन' की सभी शर्तें मैंने नहीं मानीं और फुटनोट छोटे ही रखे। बहुत प्रिफेसिंग और फुटनोटिंग की ज़रूरत उन कविताओं को पड़ती है जो वर्ग-वर्ण -लिंग-नस्लाधारित पूर्वग्रहों का शिकार हों या पॉलिटिक्स ऑफ़ अदरिंग का शिकार और अनुवादक को उनसे असहमति व्यक्त करनी हो! सच्चिदानन्दन सुलझे और मँजे हुए कवि हैं—सो उनके अनुवादक को फुटनोटिंग के अंगद- पाँव की ज़रूरत नहीं पड़ी।

सच्चिदानन्दन के अनुवाद की ख़ास बात यह है कि उन्होंने अपनी मलयालम रचनाओं के अंग्रेज़ी अनुवाद स्वयं ही किये हैं जैसे शुरू में टैगोर ने किये थे, पर टैगोर की तरह ये अनुवाद स्वच्छन्द अनुवाद नहीं

हैं जहाँ रचना मुग्धा नायिका की तरह उछलती-कूदती किसी और ही राह चल देती है और स्वतन्त्र रचना बन जाती है—'निकले थे कहाँ जाने के लिए पहुँचे हैं कहाँ मालूम नहीं' के तर्ज़ पर। मलयाली पाठक बताते हैं कि सच्चिदानन्दन अपने अंग्रेज़ी अनुवादों में मूल के पीछे वैसे ही चले हैं जैसे सीता राम के पीछे चली थीं। पर यहाँ एक बात यह साझा करना ज़रूरी है कि अनुवाद के लिए उन्होंने अपनी वे ही रचनाएँ चुनीं जो सन्दर्भकीलित नहीं थीं। सन्दर्भकीलित रचनाएँ आज भी सिर्फ़ मलयालम में ही उपलब्ध हैं—वे स्वयं बताते हैं! अपनी मिट्टी में जो पेड़ गहरे धँसे हों उन्हें जड़ से उखाड़कर नयी ज़मीन में बो पाना इतना आसान भी नहीं। मैंने भी वे ही रचनाएँ चुनीं जो इन्होंने अंग्रेज़ी अनुवाद के लिए चुनी थीं।

टैगोर का ज़माना और था। लोग लिखते समय तब स्वप्न में भी शायद ही सोच पाते हों कि कभी उनका विदेशी अवतार भी सामने लाना होगा। आज के ज़माने में दो भाषा-घरों में रहने वाले कवियों का अवचेतन इस बात पर भी सजग रह सकता है कि सब कविताएँ सन्दर्भकीलित ही न हो जायें। मनीप्लांट की तरह किसी भी बोतल के भाषा-जल में लहलहाकर फूलने वाली 'हकलाहट'-जैसी रचनाएँ अन्तर्जाल-मैत्री के इस युग में अधिक लोकप्रिय होती हैं, यह एक दबाव कवियों पर बनता होगा जिसका सम्मान अनुवादक को भी करना चाहिए।

'छहमनिहवा', 'ध्रुपद चौकसी', 'स्वप्ननिद्रा से लहालोट' आदि देशज प्रयोगों की छूट मैंने हिन्दी-पट्टी की जातीय स्मृति से इनके गहनतर तादात्म्य के उद्देश्य से ली हैं। एक 'रजिस्टर' से दूसरे में गहन उल्लास से भरी गयीं ये पींगें हिन्दी-पट्टी के कविता-पाठक के अपने भाषिक संस्कार के अनुकूल पड़ेंगी, ऐसी उम्मीद करती हूँ।

—अनामिका

बेटी

(मल्टिपल स्किलिरोसिस नामक रोग के चपेट में पड़ी बेटी के नाम)

मेरी वह तीस बरस की बेटी
हो गयी है छहमहिनवा!
मैं उसको बहलाता हूँ,
धो-पोंछ देता हूँ
सब धूल-धक्कड़
इन तीस बरसों का!
अब वह नन्ही
अमिचाई कविता की तरह
चमचमाती है
स्वर्ग के तरल प्रकाश में!
भीग जाता है समय से
नन्हा तौलिया!
बीथोवन
हाथ उठाए हुए
खिड़की-छड़ों को
बदलते हैं
एक पियानो-पट्टी में!
बेटी
उभरती है स्वरलिपियों से

और लगाती है मुझको गले
गुलाब-से कोमल हाथ बढ़ाकर!
बाहर-बारिश का विहाग,
किशोरी अमोनकर।

वृद्धाएँ

जादुई छड़ी पर नहीं उड़तीं वृद्धाएँ,
न करती हैं वे धूसर भविष्यवाणियाँ
मनहूस जंगलों से!
सुनसान शामों में
पार्क की किसी खाली बेंच पर टिकी
नाम से बुलाती हैं वे फाख़्ताओं को
और मुग्ध कर लेती हैं उनको
भुट्टे के दानों से!
लहरों की तरह काँपती वे खड़ी होती हैं
सरकारी अस्पताल की क्यू में
या डाकघर जाकर वे थमक जाती हैं
उजले-उजले बादलों में
करती हैं इन्तज़ार देर तलक
सात समुन्दर पार मर-खप गये
बेटों की डाक का!

खुसुर-फुसुर करती हैं
बारिश की फुहियों-सी
सड़कों पर घूमती हुई,

खोयी-सोयी नज़रों से देखती हैं वे,
शायद कुछ ऐसा उछाला था उन्होंने
जो धरती तक नहीं लौटा!
बरामदों में वे दुकानों के
काँपा करती हैं
पूस-रात-जैसी,
स्वप्नहीन निद्रा से लहालोट!
उनकी आधी अन्धी आँखों में झूले हैं अब तक
धुँधलाती स्मृतियों में क्रिस्थमम हैं लिली भी!
हर झुर्री में एक लोककथा बसती है।
ढले स्तनों में है दूध भरा इतना कि तीन पीढ़ियाँ पी लें
हालाँकि पिएँगी नहीं!
हर सुबह उन्हें छोड़ जाती है गोधूलि में!
मौत से डरतीं नहीं ये!
वे मर चुकी हैं बहुत पहले!
कभी महादेश थीं वृद्धाएँ
उनमें थे ख़ूब घने जंगल,
झीलें, पहाड़, ज्वालामुखियाँ भी थीं
और थीं उन्मत्त खाड़ियाँ!
जब धरती बहुत गरम थी,
पिघलीं वे और सिकुड़ ही गयीं—
बचा रह गया उनका नक़्शा!
तुम उनको मोड़-माड़कर
जेब में रख सकते हो,
क्या पता, घर पहुँचने में वे मदद करें!

अपनी बेटी, सविता के लिए।

घोंघा

कहाँ चले—पीठ पर घर लादे
चौकस स्पर्शिनियाँ?
किस तीर्थयात्रा पर—
गीली लकड़ी पर खिलो—
काई के प्रेमी सफ़ेद—
निर्लिप्त दार्शनिक :
हम सबकी दुनिया का तुम उड़ाते मखौल!
क्या देखते हैं हम—
बहिर्कवच है ये तुम्हारा
या कि तुम्हारा अन्तर्जगत्—

धिक्कारते हो तुम रगड़े हमारे
और हमारे सब सतही विभेद!
चिपके रहते हो दिनों से, स्मृतियों से
बिल्कुल शुरू से आखीर तक!
मगर प्यार भी हम निबटाते हैं जल्दी से,
भागते-दौड़ते बदलते हैं दुनिया—
कहते हो तुम—अनन्त है समय—
'धीरे-धीरे'—फुसफुसाते हो!
तुम्हारी ध्रुपद चौकसी

जगाती है स्मृतियाँ
खोयी हुई दुनिया की :
एक धरती घूमती जो है धीरे
एक सूरज जो धीरे उगता है—
एक चाँद जो घूमता है इस धरती के चारों तरफ़
धीरे-धीरे
बारिश धीरे,
धीरे संगीत, जीवन धीरे, और मृत्यु भी!

भग्न संवाद

(मित्र-आलोचक-नाटककारआर. नरेन्द्र प्रसाद के लिए, जो जल्दी ही चले गये)

साथ-साथ धरती पर लाये गये हम,
बढ़े, दूध पिया एक ही
साँवली देवी की छातियों से!
कोई दूरी तुम्हारे सर से
मेरा सर अलगा नहीं पायी।
पीछे ही पड़ा रहा हमारा सितारा
हमारे जनम के बहुत पहले डूबा हुआ!
बेचैनियाँ कभी तृप्त नहीं कर पाये
मदिरा या होंठ!
हम आपस में यों लड़े जैसे
कोई लड़े ख़ुद से!
एक ही प्लेट से खायीं हमने
शब्द और विषबूटियाँ!
मौत हमारे दायें थी
और बायें भी!
मुझे डराने के लिए तुमने
ओढ़ लिया काला लबादा, लाल मुखौटे में
ली मैंने तुम्हारी परीक्षा!
फिर अपने आभरण उतार

हँसे हम निपट बच्चों की तरह!
तल्लीन वार्त्ता के बीच से
तुम उठे, मेक-अप सब अस्त-व्यस्त!
मेरी नंगी पंक्तियों को
तुम-सा आवेगवान प्रेमी अब नहीं मिलेगा।
कितनी भी गाढ़ी कोमलता हो मदिरा की,
वह तुमको तब्दील कर नहीं पाएगी चाँदनी में अब,
इस धरती की कोई औरत, कितनी भी ख़ुशबू-भरी हो त्वचा उसकी,
अब दिल तुम्हारा नहीं खोल पाएगी!
जानती हूँ कि वह क्या था
जो फेफड़ों में तुम्हारे बढ़ा!
मेरा भी जाना हुआ है
भाषा के भीतर बढ़ने वाला
वह कँटीला जानवर,
हर बातचीत बीच में ही कहीं घोंट देता!
सड़क-किनारे की झाड़ी तक
वह खींचकर ले गया एक साथी को;
रक्तरेख अब तक है ताज़ा!
वही जन्तु था जिसने दूसरे को
फेंका नरककुण्ड में, तितर-बितर उसका कलेजा।
वह प्रकाश सह ही नहीं सकता; नदियों में, चिह्नों में
विष भर देता है वह! स्मृतियाँ
एक-एक कर मिटा देता है,
इन्द्रधनुष के नीचे चतुराई से
दबा देता है घाव,
उसके पंजे और विषदन्त
पुर्जा-पुर्जा कर देते हैं संवादों को!
आँख खोलकर लेटे हो!

अपने पीछे धरती पर छोड़ते हो
इतिहास—दिन-दिन धुँधला होता,
आँख खोलते हो तो ऐसी दुनिया में
जिसमें सीमान्त नहीं,
वहीं कहीं करते हैं इन्तज़ार
शुद्ध हवा, एक शब्द पारदर्शी,
जो कुछ खोया था—उसके
फलों का स्वर्गिक बग़ीचा!
हव्वा का सेब, उड़नघोड़ा,
डमरू, वंशी, फूल अनदेखे,
आग, घण्टियाँ, उर्वशी,
फरनैण्डो पेसोवा के चार मुण्ड!
पीछे मुड़ देखना नहीं!
यहाँ ठण्ड ज़्यादा है।

खड़ा आदमी

एक आदमी खड़ा है पार्क में निश्चल, निःशब्द
प्रतिबन्धित हैं यहाँ प्रतिरोधी-सभाएँ!
वह कहीं जा नहीं रहा,
आ नहीं रहा वह कहीं से!
दुनिया उसके सामने से गुज़रती है
और समय पीछे से!
दोनों के बीच
बिना किसी झण्डे या नारे के
वह खड़ा है निश्चल, निःशब्द!

सूरज के साथ दुनिया घूमती है!
और वह बढ़ता जाता है...सौ, फिर हज़ार।
जेब में हाथ दिये वे बस खड़े हैं वहीं निश्चल, निःशब्द!

युद्धरत एक राष्ट्र है यह,
एक राष्ट्र खड़ा हुआ,
खड़ा अन्याय के ख़िलाफ़,
भविष्य की केवल एक झलक
बिजली की एक कौंध में!

एक आदमी खड़ा है पार्क में निश्चल, निःशब्द
सूरज करता उसकी परिक्रमा!
कविता है इनसान
वर्जित प्रदेश में अकेला खड़ा!

चुम्बन*

तुमने भरोसा ही नहीं किया,
दुनिया बदल जाती है
जब दो जन लेते हैं चुम्बन!

देखो उन्हें : एक आदमी, एक औरत,
घूर रहे हैं वे।
एक आदमी, एक औरत नहीं,
कई आदमी और औरतें कई!

उसी वृत्त में जहाँ
क़ानून के ठीकेदार
और सदाचार के
एक साथ भृकुटि ताने देखते थे—
ख़बरदार, साथ चले हाथ जो मिलाए हुए!

(17 जून, 2013 को चौंतीस वर्षीय एक़दम गुन्डुज़ आठ घण्टों तक लगातार इस्तानबुल के गेज़ी पार्क में खड़े रहे—प्रजातान्त्रिक प्रदर्शनों के निषेध का यह सवाक् प्रतिकार एक तरह का सत्याग्रह बन गया जब सैकड़ों लोग उनके साथ आ खड़े हुए और टर्की के 'टस्किन स्क्वेअर' में यह प्रतिरोध सैकड़ों लोगों ने सार्वजनिक चुम्बन द्वारा दर्ज किया)

एक आदमी, एक औरत,
कई आदमी और कई औरतें
वृत्त में,
जो कारागृह था कभी चुम्बन का।
क़ानून तोड़ रहे हैं,
वर्त्तमान का, मृत्यु का!
बना रहे हैं क़ानून,
भविष्य का, जीवन का!
कविता है एक निजी चुम्बन
उद्दाम
सार्वजनिक स्पेस में!

जब मैं तुममें प्रवेश लेता हूँ

जब मैं तुममें प्रवेश लेता हूँ,
मैं प्रवेश लेता हूँ उस सुरंग में
जो ईश्वर ने मेरी ख़ातिर खोली है
मॉलकूला, सीरिया में।
वहाँ पहुँचने के लिए मैंने कीं कई यात्राएँ
मिट्टी की ढूहों और भीगी घाटियों की,
शब्दों, प्यासों और गीतों के बगल-बगल से।
पहचानता हूँ यह नम लाल मिट्टी
और यह हहाती हुई बारिश।
एक तलवार लिए
कोई पीछा कर रहा है
इसीलिए मचा रहा हूँ जल्दी
फिसलौआ भूतल पर।
ऊँट और पेड़ खजूर के
मुझे वहीं देखें तो अच्छा,
रात के पहले
पार पहुँच जाना चाहिए मुझे!
उठ रहा हूँ यहाँ
इन्द्रधनुष तक
अट्ठारह रंगों के साथ!
मालिक,
यह देश तुम्हारा आ गया!

अलिखित कविता

मैं एक कविता हूँ
जो अब तक लिखी नहीं है किसी ने!
कई कवियों की उँगलियों के पोरों तक उठी
और लौट गयी सपने तक
अव्यक्त प्रेम की तरह,
लिपि नहीं थी कोई मेरी!
भाषा से मुझे भय नहीं
जब तक कि उसका कोई भविष्यकाल है!
एक दिन मैं अपने शब्द ढूँढ़ लूँगी–
आश्चर्यविह्वल बच्चा कोई
एक पाल देखेगा
खुलता और उठता हुआ
खाली काग़ज़ पर
एक नये तारे के नीचे!

जली हुई कविताएँ

आधी जली कविता हूँ मैं,
हाँ, ठीक ही समझा, एक किसी लड़की की कविता!

लड़कियों की प्रेम-कविता
लपटों से शायद ही बच पायी!

बाप की, भाई की,
माँओं की भी लपटें
उसे विरासत में मिली हुई!

आधा बचा पाती हैं कुछ लड़कियाँ–
बुइयों को तो
हम उन्हें कहते हैं सिल्वियाप्लाथ, अन्ना अख्मतोवा या कमलादास।

कुछ लड़कियाँ
लपटों से बचने की ख़ातिर
कामना अपनी छुपा लेती हैं
भक्ति के घूँघट में :

इस तरह पैदा होती है
एक मीरा, एक आण्डाल, एक महादेवी अक्का।

गिरजाघर की हर कन्यास्त्री
जली हुई प्रेमकविता ही है
जीजस के नाम!

शायद ही कभी कोई लड़की
सीखती है हँसना दुनिया पर
उस मीठे वात्सल्य से
जो औरतों के ही वश का होता है!
तब दुनिया उसे नाम देती है—
विस्वावा शिम्बॉर्स्का!

और हाँ, साफो ज़रूर,
वह बच गयी
क्योंकि उसकी कविताएँ सम्बोधित थीं
औरतों को!

हाँ

(इरोम शर्मिला के लिए)

मेरा शरीर है
एक झण्डा आधा झुका हुआ!
मेरा पानी आता है
भविष्य की नदी से,
मेरी रोटी
हवा की रसोई से।
मेरे माथे में है धँसी हुई गोली,
भविष्यवक्ता के तोते की तरह हरी।
मेरी प्राचीन भाषा का अन्तिम अक्षर
है नाम मेरा,
हर पहेली का अन्तिम उत्तर,
हर कहावत का सन्देश!
हर जादुई जप का देवता,
दैवी भविष्यवाणी का संकेतित सच!
छूट जाता है मेरा हर दिन,
हर दिन वापस लौट आता है
जंगली बरसात की गन्ध लेकर
आखेट से बचकर
घोंसले तक लौटी चिड़िया-सा।

भोर के अभिवादन
और शाम की प्रार्थनाओं से खाली
रातों में मैं लेटती हूँ अकेली—
खोए हुए तारे के नीचे—
विजन गाँव के चाय-ढाबे की
टूटी हुई बेंच की तरह
कल आये गाहकों की ऊष्मा और गन्ध
बचाये हुए अब तक!

भूल गयी हूँ प्रेम को
गाँव की पहाड़ी पर
एक झलक देखे गये
अनाम फूल की तरह;
बालू में धँसा पड़ा है मेरा बचपन,
भारी वर्षा से लपलप हुई
काग़ज़ की नाव-सा!

पतझड़ की अन्तिम पीली पत्तियों-जैसी
हैं मेरी कविताएँ।

राइफल के छूटने की प्रतिध्वनियों से
माफ़ी में बदल गये मेरे बच्चे
वापस लौटेंगे हहाते हुए
ख़ून की बारिश बन बरसेंगे
नर्क के सिपाहियों के ऊपर!

मैं नहीं होऊँगी; पर
मेरी आशा ठठेगी—

एक शब्द पर्वत का
जिसे किसी बालिका से पोषण देने की कोई ज़रूरत नहीं होगी,

एक कविता जंगल की
जिसे बूट रौंद नहीं पाएँगे,
स्टील की वर्णमाला
जिसे कोई बायोनेट भेद नहीं पायेगा,
लाल उड़हुल—
हमेशा खिला!

दूसरी दुनिया में घूमा उसका माथा
मांस छोड़कर बुख़ार के वास्ते,
वह पहला दिन था जब ख़ून बरसा
और सर्वगन्धी पौधों में फिर विषगन्ध उग आयी—

मैं मृत्यु से लौटी
और मैंने सुनी माँ की आवाज़ रुँधी—
अरण्यकाण्ड बाँचती!

मैंने सुना
राशन के दुकान से
खाली हाथ लौटे पिता को
युद्ध के बारे में कुछ कहते!

देखा मैंने एक कोढ़ी को
उँगलीविहीन हाथ से
गूँगी देवी को एक फूल अरपते हुए!

अनन्त

जो वसन्त चेरी के पेड़ों का करता है,
चाहता हूँ वह तुम्हारा करूँ!

—पाब्लो नेरूदा

1.

खिड़की के पार
आम के झड़े पत्ते पर तड़प गिरी
बारिश की बूँद आख़िरी!
मैं खोलना चाहता हूँ तुम्हारा रहस्य;
चिट्ठियाँ तुम्हारी नखक्षत, देह गन्ध
इस तरह टटोलता हुआ
जैसे शरलॉक होम्स।
उँगली के छापे, गुलाब,
पाण्डुलिपियाँ, शीशियाँ ज़हर की!
तुम्हारी देहयष्टि की लहर
फिर से रचना चाहता हूँ
जैसे कि शीशे में दूर हुआ जाता है इन्द्रधनुष से
पियक्कड़ ड्राइवर!
और अन्त में, अदम्य आकांक्षा से,
अँकवार लेता हूँ वह सब जो पड़ता है राह में :
पतझड़ के लहराते, गीले लबादे,
रजनीगन्धा के वे फूल अधखिले,

काफ्का की चिट्ठियाँ मिलेना को लिखी
लोर्का के बैलेड, रामायण, मोनालीज़ा।

2.

वह गर्मी की शाम थी!
जैसे कि चमकाकर इन्द्रधनुष
आकाश पर रखा होगा ख़ुदा ने,
तुमने धीरे से अपना हाथ मेरे हाथों में लिया!
क्या था इस प्रतिश्रुति का अर्थ?
—कि हम टहलते निकल जायेंगे, बारिश में भीगे हुए,
गड्ढों का पानी छपकाते,
वसन्तविह्वल बचपन की उन छोटी गलियों के किनारे-किनारे
जो कि हम साझा न कर पाये?
—कि पिछले वर्षों की सब हलचलें
एक ही उत्तप्त चुम्बन से
एक-दूसरे को सम्प्रेषित कर देंगे हम?
—कि तुम्हारे कानों से आयेगी गन्ध जुही की कली की
उस वक़्त जब मेरे होंठ गाएँगे कुछ लोकगीत
एक हवा का झोंका बनकर—
"देवदूत से झगड़ना है क्या?'
—कि रात हमारी शरम के लबादे जब
झोंकेगी आग में
तो अपने उत्सुक होठों से चखेंगे हम
रात में फूलों का वन्य शहद?

3.

वियतनाम के बम से भागती हुई
ग्यारह बरस की दुबली बच्ची तुम ही,
सूखे पत्तों से पटी गलियाँ जब तुम्हारे गाँव की
जल उठीं तो तुम नंगी ही भागीं,
सौंपकर जलती हुई देह अपनी हवाओं को और धूप को,
भूख को थपकियाँ देकर सुलाती
वह छाती—मेरी ही थी—
पहुँचीं जहाँ तक किसी तरह तुम!
जो युद्ध तुम्हारे लिए मैंने ठेले परे,
उनके उन घावों के बीच
एक पीपा शब्द आग बुझाने के लिए,
जले हुए दिल पर यह बूँद-भर शहद,
कल के लिए एक बीज—सूर्यमुखी का!
ये मत कहो कि हम दो ग्रह हैं,
ये मत कहो कि ज़ंज़ीरों में जकड़े हैं नृत्यमग्न पैर वे हमारे!
ये मत कहो कि चट्टानों के भीतर से
सपने देखे हमने पत्तों के, चिड़ियों के!
जन्म के समय से ही मेरी थीं तुम!
तुम्हारी प्रतीक्षा में ही मेरे काँटे उगे।
फिर भी केवल रेत—तह का वसन्त
भर सकता है तिथियों को ऐसी मिठास से, प्रिये!

4.

ठण्डी हवा की गुलाब-मसृण छुअन के सहारे
टहलते रहे हम सपनीली झील के किनारे
जो मोरपंख की तरह लेटी थी!
मधु और अम्ल की शरमाई स्मृतियों से भींगा

हृदय वह तुम्हारा धड़कता रहा हाथ में मेरे!
चार-चार इन्द्रधनुष मेरे होंठों पर थे
और तुम्हारे स्तनों पर थे मेघ चार।
टूटा हुआ एक बाल मेरे तकिए पर लिख कर आया–
"गन्ध तुम्हारी, प्रिये, अपने बाग तक लिए जाऊँगा!"
पतली कमरे से तुम्हारी
मेरी ज़ुबान ने कहा फुसफुसाकर–
"भीतर तुम्हारे ही चाहता हूँ मैं चटकना,
युद्धहीन दुनिया में जन्म चाहता हूँ!"
बासलान में रौंदे बच्चों की ख़ातिर तुम रोयी,
और गिरा मैं टुकड़ों में बगदाद की उड़ी छत से
अंगूर के उन अन्तिम बग़ीचों के भीतर
ईश्वर ने फेंकी जो अधजली अपनी सिगरेट,
उसने कनखी मारी मुझको : "सिर्फ़ तीन रातें बची हैं,
उत्सव मना लो जितना मना सकते हो तुम भी अपने बचाव का!"

5.

तुम रखती हो लाल बीज मन्चाडी* का मेरी भँवों पर
मैं एक मोती लुढ़काता हूँ नाभि पर तुम्हारी
मलता हूँ केले की कलियों का मधु
स्तनाग्र पर, तुम्हारे
मँगना का एक फूल
मेरे होंठों पर रख
तुकाराम का एक पद फूँकती हो तुम
मेरी इस छाती के भीतर!
एपुत्तच्छन की कविता के पन्ने से
अभिषेक करता हूँ मैं तुम्हारी आँखों का

---

* लाल बीजों-वाली एक फली।

कहता हूँ : मतीस
तुम कहती हो : बीथहोवेन
मैं : वॉनगॉग
और तुम : मोजार्ट
मैं कहता हूँ : पिकासो
तुम : स्ट्रैविन्सकी
तुम 'ब्रेष्ट' कहती हो,
मैं 'कुमार गन्धर्व',
तुम 'वाएहो',
मैं 'रामनाथन',
मैं 'प्यार' कहता हूँ,
तुम 'प्यार' कहती हो!
एक गोले की तरह मैं उठाता हूँ तुम्हें चाँद तक,
फिर पूरी कायनात के आगे जाम उठाते हुए
चूमते हैं हम भी एक-दूसरे को,
और लौट आती हो तुम,
इन्द्रधनुष गले में लपेटे,
बालों में गूँथे हुए एक तारा!
कहती हो तुम : आकाश,
मैं : समुन्दर,
नीलिमा हमें लपेट लेती है,
नीला संगीत 'नीली चाँदनी!'
नीली तुम! नीली मैं!
नीला आनन्दातिरेक!
सर्पो, बिलों में दफनाई
मणियों की दिवा-ज्योति में ले चलो
स्यारो, ले चलो
अपने फकरने की रातों तक।
उल्लुओं के पंख पर बैठकर

मृतकों की दुनिया में जाऊँ,
देवदूतों के पर छू लूँ
इन्द्रधनुष पर सवार!
हंसों की पीठ पर उड़ूँ
और कमल-नाल से होता,
धरती के उस पार पहुँचूँ,
होने दो मुझे एक चमगादड़, पालाई फूल,
झरना और शंख, पका हुआ आम।
अपने में ही स्थित रहने की ज़िद मत करो मुझसे!
मैं दूसरे में स्थित रहकर सन्तुष्ट हूँ,
अपनी इयत्ता का भार सहा जाता नहीं,
रूपों का भार ज़रा ज़्यादा है मेरे लिए!
पर्याप्त है इतना कि मैं रहूँ
बनकर गन्ने में मिठास,
और हवा बनकर,
हवा जो बदलती है
पीपल की शाखाओं को बादलों में,
बारिश की बूँदें
जो धरती के भीतर की घण्टियाँ बन जाती हैं,
काफ़ी है इतना कि
मैं हूँ गावा चिड़िया का,
वशीकरण की रोशनी
काफ़ी है ये कि मैं हूँ
आग, आग, आग!

6.

"जानता हूँ, बहुत देर हो गयी है अब! आने दो,
इतने वर्षों तक अकेला रहा हूँ!"

मैंने सोचा कि तुम बातें करोगी
रिल्के के बाघ या मलार्मे के हंस की;
लेकिन तुम दुनिया के सबसे सुन्दर देवता,
प्रेम के बारे में सोचती हुई लेटी थीं!

7.

जन्म लेने में इतनी देर क्यों कर दी?
किस तारे पर थीं तुम, किस पानी में?
कौन-से सूर्योदय में, कौन-से भय में?
नहीं-नहीं, प्रेम कभी देर से नहीं होता;
उम्र के युगों में सब फासले ध्वस्त किया करता,
यह काल की नाभि में गिरता है बिजलियों-सा
और गुनगुनाता है सेलन की स्मृतितरल पंक्तियाँ;
"मार्गरिट, ये बाल तुम्हारे सुनहरे!
और तुम्हारे केश, शुल्मिथ, राख-से रुपहले!"
एक़दम से सीधे बाल, पागल करते हैं मुझे—
युद्ध से गाँव की ओर वैन चलाते हुए
बार-बार लौट रहे लालची उन सैनिकों की तरह
इन काली गलियों में तरसती हुई लौटती हैं
ये उँगलियाँ मेरी, एक टूटी चूड़ी के लिए।
एक बूँद चाँदनी
एक भूली लोरी
उत्फुल्ल होंठ ये तुम्हारे और मुझे पागल कर देते हैं;
बार-बार मैं लौट आता हूँ उन तक जैसे शराब तक कोई पियक्कड़!
तुम्हारे सुदृढ़ स्तनों तक लौट-लौट आता हूँ मैं
जैसे कि कोई भक्त कुलदेवी की प्रतिमा तक!
तुम्हारी सुलगती हुई नाभि तक
यज्ञकुण्ड की समिधा-सा लौटता हूँ,

पहला मनुष्य तुम्हें अर्पित।
तुम पहली और अन्तिम स्त्री हो;
अग्निगर्भ, अनन्त और कालातीत।
आदिवासी गाँव में यों ही खिला
जपापुष्प हूँ
जपता सहस्रनाम,
गोदी में वापस आ जाने की साध में
विह्वल!

8.

अधसुलझे कई-कई जन्मों में
मैं तुम-तक लौटता रहा हूँ।
कई-कई नाम हैं तुम्हारे : राधा; उर्वशी और
लैला, अनारकली, लीला, चन्द्रिका—
हर नाम है अधखिली एक सूर्यमुखी,
जूलियट या क्लियोपैट्रा नहीं चाहिए मुझको,
मैं चाहता हूँ कँटीली, रेत में खिली
मेरे जैसी—
याद हो जिसे सब-कुछ, सब बाँटने को तैयार जो बैठी हो,
दर्द, दीवानगी, शब्द और विचार,
देह, आत्मा, सब कुछ!
लोकश्रुति—तनया,
जो रंजिनी राग की चाँदनी से मताए नहीं
दिन-दिन भयावह हुई जाती
इस दुनिया से दूर
किसी पियानो घाटी तक मुझको ले जाये।
देखो कि कैसे तब्दील हुआ जाता है
चाँदनी में अपना बॉब डिलन!

उसका गिटार तो ही है वह उन्मत्त हवा,
झूम रहे हैं वृक्ष जिसमें!

9.

कहाँ गाड़ आयीं तुम
दन्तक्षत जो छोड़ा था मैंने
दाहिने वक्ष पर तुम्हारे?
क्या तुमने साँझ के क्षितिज को उधार दिया?
आकाश से काटाकूटी खेलते हुए
सब पक्षी लाल हुए जाते हैं।
पत्तियाँ, फूल, झरने और पहाड़ियाँ—
सब लालमलाल।
एक एक लाल चाँद झुका है,
लाल सागर पर!
कल का सूरज भी होगा लालमलाल।
एक रात में ही
बदल जाती है कैसे
बिस्तर की चादर वात्स्यायन में!
प्रेम ही ध्यान-योग की
चौबीस मुद्राओं का नाम है!

10.

लाल धरती और झमाझम बारिश की तरह
'कुरुन्तबोकाई' के पन्नों से उठती है उपमा!
ऐसे गुँथे हैं हम एक-दूसरे में—
कोई भी बाढ़ अलग हमें कर ही नहीं सकती—
हर बूँद में तुम्हारी मैं हूँ
और तुम मेरे हर रेशे में!

बँसवाड़ी हो तुम–
मैं बहता हूँ जब तुमसे होकर–
रोम-रोम में फूटती है तुम्हारी चौरसिया की बाँसुरी!
एक चित्रपट हो तुम–
अपनी पागल उँगलियों से मैं
पॉल क्ली के चित्रों के रंग भरता हूँ तुममें,
पायल तुम्हारी बजती है
मेरे शब्दों में,
मेरे सब मौसमों में
फड़फड़ाते हैं ये पंख तुम्हारे।
रसभीनी वह किताब जो मेरी ख़ातिर
यों खोल रखी है तुमने, वह क्या है–
'गीतगोविन्द' या कि 'गाहासप्तशती'?

11.

कण्ठ में तुम्हारे ढेरों चिड़ियाँ!
एक तोता, एक मैना।
लौटते हैं जंगलों में जब सोती हो तुम!
विवस्त्र सोती हुई तुम
मुझे दीखती हो हिरोशिमा शहर–
चुन-चुनकर शीशे की किर्चियाँ हटाता हूँ
जो तुम्हारे मांस में खुब गयी थीं,
रक्त के चकत्ते मैं देता हूँ पोंछ!
तुम हर वह स्त्री हो
छोड़ा गया जिसको एक़दम अकेला किसी वन में,
नदी में डुबाया गया,
मार-मारकर पत्थर मारा गया बीच राह,
और खूँटे पर जलाया गया,

मारा गया ज़हर देकर और बेचा गया,
प्रेयसी, दुल्हन, विधवा और वारांगना!
चूम लेने दो ये देह तुम्हारी तृप्त,
चूम लेने दो उन फूलों की ख़ातिर
जो खिल नहीं पाये धरती पर,
शरणार्थियों और प्रेमियों की ख़ातिर!
ओ मेरी मैग्डलीन,
यीशू नहीं हूँ मैं!

12.

तन्द्रिल हम सुन रहे हैं कबीर की वाणी!
सिंहासन छोड़ते हुए राम
गलबहियाँ देते हैं हमको
और गीत गाते हैं देह के
जिन पर कि मुहर नहीं राजदण्ड की,
गाते हैं खाते के बाहर का प्रेमगीत!
आमन्त्रण देते हैं हमको अनन्त का!
तुम्हारी आँखों के रात्रिनभ में झाँकता हूँ मैं
दूज का चाँद वायलिन है बजाता जहाँ!
आओ, मुझे गोदी में सोने दो!
सागर की लहरों को चाहता हूँ सुनना
जैसे तुकाराम का अभंग कुमार गन्धर्व के मुँह से!

13.

मंच पर तुम उन्हीं होंठों से पढ़ती हो कविता
जिनसे मैंने रात पी थी!
हाथ मेरे तुम्हारे बाल सहलाती

हवा बने जाते हैं,
हर शब्द पर है मुहर एक गीले चुम्बन की!
श्रोता नहीं दीखते हमको!
दुनिया को हो जाने दो ग़ायब,
ये शब्द बस मेरी ख़ातिर हैं।
ख़ास क्षणों में कैसे
सबके ही शब्द बन जाते हैं सिर्फ़ हमारे।
हर संज्ञा जैतून की डाली, मुझतक बढ़ी आती,
हर विशेषण एक डैना, हर क्रियापद टिक-टिक-सी
दीवारघड़ी की–
प्यार का वृत्त मापती!
पर्यायों से कह दो कि वे तशरीफ़ लिए जायें,
आओ हम बातें करें सीधी।
गन्धों की मादकता में
कूदता हूँ मैं भीतर तुम्हारे!
तुम सबसे उच्छल नदी हो,
हरदम ही लहर-लहर सागर,
बेबेल मीनार के पार
यात्रा नमक की,
राख के भीतर अंगारे की निगरानी!

14.

सूरज से बोलो–कल जगे नहीं।
दरवाज़े से कह दो–खुले नहीं दुनिया की चख-चुख में!
बिस्तर से बोलो–मत हमको प्रकाश में उघाड़े।
एक लपट के चाप की तरह
लाल हैं गाल ये तुम्हारे!
मैं देखता हूँ तुम्हें नन्हे उजले स्कर्ट में,

दो चोटियों वाली छोटी-सी बच्ची,
हाथों में नारियल का पत्ता लिए हुए,
माँ की उँगली पकड़े
जाती हुई गिरजाघर।
फिर उससे कुछ लम्बी–
गाँव के चौराहे पर
बस के लिए चुप खड़ी! याद आया–
तितली बन फड़फड़ाता था
मैं आसपास तब तुम्हारे?
और एक गौरैया बन देखता था तुम्हें
कॉलेज की कक्षा की खिड़की से!
हर क़दम बढ़ता तुम्हारा
बस मेरी तरफ़!
डर लगता है, रात आयेगी कल भी–
रक्तरंजित, प्रेमपीड़ित नरक वाली रात,
तुम्हारे बिना!

फ़ोटोग्राफर

अलस्सुबह
घर छोड़ता हूँ मैं साथ कैमरे के
फूलों की तस्वीर लेने की ख़ातिर।
जब तक कि फोकस करूँ
सूरजमुखियों की क़तार पर,
दोपहर की धूप में देखता हूँ
ताम रहे हैं खेत बच्चे।
जब अपना ध्यान लगाता हूँ
गुलमुहर पर, तो उभरती है चील
फूली हुई डाल पर,
एक साँप झूलता हुआ चोंच में।
मैं ध्यान धरता हूँ आर्किड के फूलों पर,
उनके ही बीच दीखता है मुझे आदमी
औरत के मुँह में कपड़े ठूँसकर, बाल से घसीटता हुआ।
काँटों पर बोगनवेलिया के
उलझा पड़ा एक पर्दा—
ख़ून में ताज़ा नहाया।
कमल-ताल पर
गर्भवती औरत की लाश
उपला रही है, खुली हुई हैं उसकी आँखें।

जंगल में लपट की तलाश लिए
मीलों की करता हूँ यात्रा
और अन्त में जब वह मिलती है,
स्फिंग्स उलटी लटकी मिलती है मुझको
सुन्दरतम शाखा पर!
चलो चलें हम गुलाब के बाग में,
कहता हूँ कैमरे से! वह तपाक से जवाब देता है :
'मन नहीं भरा अब तक?
बीत गया है युग अब गुलाबों का।'
कहता हूँ उसको : 'मुझको तो कुछ
नहीं हुआ! दृष्टि ख़राब है
तुम्हारी', कहता है कैमरा :
'जानते नहीं कि मैंने छोड़ दी हिंसा कई बरस पहले,
अब मैं बन्दूक़ नहीं बनता।'

कैक्टस

काँटे मेरी भाषा।
एक ख़ूनमख़ून स्पर्श से
घोषित करता हूँ मैं अपना वजूद।
कभी फूल थे काँटे!
धोखा देने वाले प्रेमी मेरी बला से!
कवियों ने छोड़ दिये हैं मरुथल
बाग़ों में वापस जाने के लिए!
ऊँट ही बचे हैं यहाँ और व्यापारी,
जो मेरे फूल धाँग देते हैं।
पानी की नायाब एक-एक बूँद के लिए!
एक-एक काँटा है मेरा,
ललचाता नहीं तितलियों को मैं,
कोई भी चिड़िया मेरी प्रशस्ति नहीं गाती,
मैं किसी सुखाड़ को समर्पित नहीं!
रचता हूँ अलग ही तरह का सौन्दर्य
पार चाँदनी के,
सपनों के इस पार
तेज़, नुकीली एक
भाषाः समानान्तर

चीज़ें

गलत था हमें जो पढ़ाया गया!
जीवों से अलग नहीं होती हैं चीज़ें!
देखा है मैंने, पत्थरों को धीमे से आँखें खोलते हुए
रात को, बालू के कण
दौड़ते हैं पाँवों पर चींटों के, नदी में
डुबायी गयी गागर खिलखिलाकर हँसती है,
खड़े-खड़े थक चली मेज़ें
अपनी अगली टाँगें फैलाकर ज़रा तान देती हैं,
प्राचीन झील के पानी पर पड़ती हैं झुर्रियाँ
और फक् ख़ून फेंक देती हैं दीवारें ज़रा भी कुरेदने पर!
चीज़ों से अलगाकर कितना अधूरा है
अपना इतिहास! हम केवल विस्तार हैं :
हड्डियों, चट्टानों का, ख़ून का, लहरों का,
पत्थर तराशकर बनाये गये सर का।

इच्छा की गन्धक से
सुलग-सुलग जाती हैं चीज़ें
उनपर भी बुरी बीतती है!
बड़े बोल बोलता नहीं सोना कि वह तो है जीनियस,
नीचा नहीं देखती चाँदी कोयले को कि वह काला है,

अपनी कठोरता नहीं करता आरोपित
दूसरों पर हीरा।
हवा नहीं करती उद्घोषणा कि
जीवन जीवन है उसके ही दम से!
लड़तीं नहीं चीज़ें; भूकम्प से भी, वे
आपस में यों ही चिपकी पड़ी रहती हैं।
चीज़ों को डर लगता है केवल लोगों से! कभी-कभी
लोगों से लेती हैं बदला
तूफ़ान, बाढ़ और भूस्खलन भेजकर!
कभी-कभी केवल!

राई

नन्हे मेरे दाने—किसने भरा है तुम्हारा यह तन्हा
शरीर
इतने जोशो-खरोश से?
क्या तुम हो कोई गुरिल्ला योद्धा
तेलांगना-आक्रोश से धारते अपना रोष?
फिर धधकते तेल से स्पर्श से
विस्फोटित आत्महत्या सेनानी?
ट्रेन की खिड़की से
मैंने तुम्हारा घर देखा है,
वो खेत जहाँ तुम गिरे
साँवले-से दुबले हाथों से छूटकर
कृष्णा के ठण्डे पानी से
निलकते?
पीतवसन में नाचते—
दक्खिनी हवाओं में करते
अपना अनूठा विलास?

क्या तुमने कभी स्वप्न देखा
प्रेम में पिसने का
या स्मृतियों उछाल लेने का—

जिह्वा से जिह्वा तक फैलते
गुह्य सन्देश की तरह
तीखा, कड़वा सपना?
क्या स्वाद तुम्हारा ठहर जायेगा
नाचते-से आदम रक्त में
तुम्हारे मिटने के बहुत बाद तलक,
तुम जो सुलगाते हो
उद्दाम आकर्षण से,
तुम जो कि
अल्पजीवी प्रेम की तरह
राख-राख कर देते देह?

मैं कभी जान नहीं पाऊँगा रहस्य
तुम्हारे नैसर्गिक विस्फोट का...
फिर भी मैं गाता जाऊँगा स्मृतियाँ
तुम्हारी शहादत की!
मेरी यह मुक्त आत्मा
सिमट आयेगी
राई-दाने में
और स्वर्ग में प्रवेश लेगी
साथ ही तुम्हारे—

चटपटाती
जीभ ईश्वर की
तब तक जब तक हमारी ऊष्ण गन्ध
रिस जाती है
उसके हर प्रिय जीव में!

नरक की रपट

नरक की फ़र्श पर मोजेक है और उसकी छत पर कंकरीट! एक बैठक, एक भोजन घर, दो शयन-कक्ष, अध्ययन-कक्ष एक, एक चौका और स्नान-कक्ष दो!

नरक पर राज है एक आदमी का! जनतन्त्र पहुँचा नहीं वहाँ अब तक। औरत नीचे मर्द के और आदेश के मुताबिक, दो बच्चे उन दोनों के अधीन।

बच्चों का कमरा, त्रास के हथियारों से भरा है : पाठ्यपुस्तकें, गाइड, 'दुनिया का नक़्शा' कहलाने वाली भूलभुलैया, और 'इन्स्ट्रूमेण्ट बॉक्स' नामक भयानक मशीन त्रासकारी! इन्हीं के मध्य काटते हैं सजा आदमी-औरत। थर्ड-डिग्री त्रास नारकीय संविधान में जायज़ : तो कभी-कभार वे कुछ भी उठा-उठा मारते हैं : स्केल, कम्पास, व्याकरण, कैल्कुलस और वे हाथ बदगुमान जिन्होंने दुनिया में बाज़ीगरी करने के ख़्वाब देखे थे। इम्तिहान के वक़्त धुआँ-सा निकलता दीखेगा इस कमरे से और माँ-बाप छटपटाते, अनिद्रा में, बिस्तर पर।

औरत का कर्तव्य है कि समय पर खाना मिले आदमी को—यदि परसने में हुई देर या स्वाद गड़बड़ हुआ तो आदमी लगता है चिंघाड़ने या दहाड़ने, विषदन्त पंजे बाहर चले आते हैं एकदम से।

एक गुमनाम गूँगी लड़की भी है नरक में। झाड़ने-पोंछा लगाने–कपड़े धोने वाली मशीनों से चारों मिल-जुलकर कर सकते हैं जो भी वे चाहें!

बाकी सब बिल्कुल विनम्र प्रजा है : चींटियाँ, मक्खियाँ, कीड़े, तिलचट्टे, मकड़े, छिपकलियाँ, चूहे और अन्य! मर्द इन सबका मालिक है!

ग्यारह बजे रात के बाद नरक की बत्ती गुल हो जाती है! और तभी वह खचाखच भरता भी है!

बच्चे जिन्होंने कर ली थी आत्महत्या कि माँ-बाप की उम्मीद से कम नम्बर वे परीक्षा में ला पाये, औरतें जो मर गयी थीं स्टोवों के फटने से या इसलिए कि झड़े हुए केश मिले थे उनके पकाए हुए खाने में, बहुओं के शाप से मरी सासें, समृद्ध बच्चों के माता-पिता छोड़े हुए सड़क पर, सम्पत्ति के झगड़े में एक-दूसरे को चाकू से मार गये भाई, खेत की सीमा-रेखा के निर्धारण में अपने पड़ोसियों से लड़ मरे पूर्वज : किसिम-किसिम की आवाज़ें मुँह से निकालते हुए घूमते हैं नरक में सब।

मर्द और औरत के शयन-कक्ष से भी आती हैं आवाजें ऐसी! संशय में मत पड़ना : प्रेम नहीं है यह, ऊब की एक उसाँस की तरफ़ एक कठिन यात्रा या एक कसरत, चिकित्सा अनिद्रा की!

ऐसा नहीं है कि ईश्वर कभी नरक की ओर अभिमुख नहीं होता! कभी-कभी वह आता है आकृति में मर्द की जब मर्द दौरे पर हो या औरत के भेष में जबकि बाहर हो औरत, आता है वह जैसे याद दिलाने एक स्वप्न की तरह कि प्रेम अब भी नहीं है असम्भव!

लिखते हुए

दुःख में लिखता हूँ मैं!
क्या नदियाँ उफनती हैं?
नहीं, सिर्फ़ मेरे गाल गीले हैं!
मैं नफ़रत में लिखता हूँ।
क्या धरती काँप-काँप उठती है?
नहीं, सिर्फ़ दाँत मेरे टूटे हैं।
ग़ुस्से में लिखता हूँ मैं!
क्या फटती हैं ज्वालामुखियाँ?
नहीं, सिर्फ़ लाल हुई जाती हैं मेरी आँखें!
मैं व्यंग्य में लिखता हूँ।
क्या हँसते नक्षत आकाश में दमकते हैं?
नहीं, सिर्फ़ मेरे ही होंठ ऐंठ जाते हैं!
मैं प्रेम में लिखता हूँ।
मेरे कन्धे पर बनाती हैं घोंसला चिड़ियाँ
पेड़ फल-फूलों से झुक जाते हैं!
युद्धरत, लोग गले मिलते हैं!
भाषा अपना तल दिखाती हैं।
जगमग झरने की तरह
और हो जाते हैं सार्थक
मेरे दुख, मेरी नफ़रत, मेरा ग़ुस्सा और व्यंग्य मेरा!
मैं क्रॉस से चीखता हूँ!

शुरुआतें

(कैंसर के कारण अल्पायु हुए प्रगतिशील कहानीकार,
यू.पी. जयराज के लिए)

1.

"क्या सिर्फ़ शुरुआतों से
बन सकती है कविता?"
"कविता हमेशा
बस एक शुरुआत है!
पूरे पच्चीस साल पहले हम बैठे
हरी स्कूल लॉन में
बर्फ़ीले हाथ थामकर! तब आग आयी!
पाँच लोग गरमाये
उस आग में और हँसे,
पाँच उसे घेरकर बैठे और रो दिये!
आग ने पाँच शत्रु मारे
और लील लिया पाँच दोस्तों को!
जैसे ही आग गयी,
लौटकर चली आयी बर्फ़!
एक बार फिर मैंने हाथ तुम्हारा पकड़ा!
ठण्डा है हाथ तुम्हारा, मेरा भी ठण्डा—
अब आग कहीं नहीं!

2.

कौओं की जमात बढ़ रही है!
अधउबले शब्दों के ये पिण्ड मुझे पार लेने दो
तुम्हारे लिए! लेकिन मैं पहचानूँगा तुमको कैसे?
क्या सफ़ेद होगा
एक पर तुम्हारा?

3.

तुम्हारी मृत्यु से
संसार ख़त्म नहीं होगा! बर्बाद दुनिया
क्या खाक ख़त्म होगी दोबारा।
पर वायलिन हमको तारों तक ले जाती है
और राइफल मृत्यु तक!

4.

शैशव में ही चल बसे तुम
सिर्फ़ शिशुओं में होती है आस्था!

5.

सावधान दुश्मन भी
करने लगे हैं तुम्हारी अभ्यर्थना।
उनकी प्रतिमाओं में
हड्डियाँ तुम्हारी
आग पर पंख धरा है जिसका—वह देवदूत भी
मृतकों की तरह असहाय नहीं होता!

कब देखा था चित्त हमने
परेशान उस योद्धा का,
गुलाबों में उलझा था?
या वह था वृक्ष चन्दन का चाकू के साथ!

7.

हम ज़मीन की मछलियाँ थीं
फिर भी अपने लोग समझ में नहीं आये उतने भी
जितने कि मछली को धरती!

8.

लोहा, शीशा, आग, पानी या शब्द
कौन-सा पदार्थ चुनूँ
तुम्हारी प्रतिमा की ख़ातिर? एक जंग खा जाता है,
दूसरा दरक जाता है, बाकी तीनों बाहर जाते हैं,
सूखते हैं, शान्त पड़ जाते हैं।
आदमी के हिस्से का तो
कुछ भी ठहरता नहीं!

9.

हमें वस्तुओं में बदल देती है मृत्यु
और तुम दीवार-घड़ी बन जाते हो कि
तुममें वक़्त पढ़ सकें सब हमेशा!
अपने कमरे में सुनता हूँ
टिक्-टिक् तुम्हारी।
तुम्हारे अलार्म से जगने की धुन में
बन सकता हूँ नींद लम्बी;

पर अलार्म तब ही बजाना
जब मेरा सपना पूरा हो ले!
तब तुम जगाओगे मुझको
अतीत में कि भविष्य में?
"मातम मनाने की ख़ातिर
मैं ही क्यों बच जाता हूँ?"
"जाओगे तुम भी तो
मातम मनाने की ख़ातिर भी
नहीं कोई रह जायेगा!"

इतना–बस

राह टूनता चलता है
जैसे कुत्ता अपने शुशू से
मैं अपने
जीवनगन्धी शब्दों से!
फ़र्क़ है इतना बस!
जंगल के झरने तक
खींच लिए जाता है बछड़ों को
जैसे सियार
उनका धड़ अपनी पूँछ में फँसाए–
मैं अपनी पंक्तियाँ सुरक्षित
लिए चला जाता हूँ गीली जगह तक!
फ़र्क़ इतना है बस!
जैसे चीते के खुले मुँह तक
रक्त के चकत्ते लिए जाते हैं
शिकार को–
मेरे रूपक तुमको
अस्तित्व के तेज़ दाँत-तले!
फ़र्क़ है इतना बस!
जैसे कि जंगल में निर्दिष्ट करता है
अपनी जगह शेर

शेर अपनी दहाड़ के सहारे,
मैं अपनी कविता में
अपनी जगह घेरता हूँ।
फ़र्क़ इतना बस!

जैसे अम्मा-बिल्ली
मुँह में दबाए बिलौटे
लिए चली चली जाती है उनको दूसरे घरों तक,
दूसरी भाषाओं तक मैं
ले जाता हूँ अपनी कविताएँ!
फ़र्क़ इतना बस!

मैं नहीं हूँ ययाति!
सरसों बटोरी है मैंने
उन घरों से
जहाँ मरते हैं लोग!

मुझे क्या सिखाया है तत्त्वों ने

धरती ने मुझको सिखाया
सबको गले से लगा लूँ, और सबके पार बचा रहूँ,
जानूँ कि रुक जाना है मृत्यु,
हर मौसम में थोड़ा और खिलूँ,
भीतर-बाहर चल-चलन्त!
अग्नि ने मुझको सिखाया
कामना से दिप दिपाना
नाचना, नाचते ही जाना
जब तक कि सब कामनाएँ राख नहीं हो जायें,
दुनिया को शोक से पवित्र किये चलना,
और मनन से जगमगाना,
मन महासागर का और दिल ग्रेनाइट पत्थर का!

पानी ने मुझको सिखाया
पूर्वघोषणा के बिना ही टपक जाना
आँखों से और बादलों से,
खिंच आना धरती के, देहों के भीतर
दोनों में कोमल-सी पत्तियाँ खिलाना और फूल,
नाम-धाम से मुझको कर देना पार
याद के अन्तिम क्षितिज के उद्‌दाम नील में मुझको रंग देना!

और पवन ने सिखाया बाँस के झुरमुट में उगना देहातीत
पत्तियों से कर देना भविष्यवाणी,
बीज पका देना,
एक साथ हो लेना
मन्द-मदिर वायु,
हहाता तूफ़ान!
और आकाश ने मुझको सिखाया
पूर्ण चन्द्र के साथ पूरा हो जाना,
और नये चाँद के साथ विलीन प्राय हो जाना,
साँझ-सुबह की लाली से होना लाल,
होना हर जगह, और कहीं भी नहीं!
पाँचों तत्त्वों ने सिखाया मुझे
एकसार हो जाना सबसे,
और सबसे तटस्थ,
हरदम आकार बदलना,
जबतक छुट्टी नहीं मिले
नाम-रूप की दुनिया से!

लौटेगी कविता

हमें ज़रूरत होती है चावल-नमक,
मिर्च की, ईंधन की,
कविता के बिना काम चलता है!
फिर भी कविता लौटेगी,
धरती के उन बीजों की तरह
जिन्हें कि उबालकर साफ़ कर दिया गया हो भूसे से, और चोकर से,
उपटाकर भर देगी
हर अनाज-घर, हर गोदाम।

नमक की तरह
स्मृति समुद्र की,
मुँह हमारा करती पनियाला,
घाव छुड़ा देने की ख़ातिर
हमको पीड़ा से जलाती,
जड़ें हमारी करती पुख़्ता,

मिर्ची की तरह,
जो वासना है मिट्‌टी की,
होंठ और जीभें हमारी जलाती,
छातियाँ, कमर, नस स्नायु।

आग की तरह,
हड्डियाँ जंगल की,
उनकी मज्जा कसमसाकर पिघलाती,
छोटी लपटों में धीमा जलती,
एक साँस में जपती,
चावल-नमक-मिर्च-ईंधन-कविता-कविता!

एक पहल बातचीत की

1.

एक चाकू के भीतर हम रहते हैं,
चाकू किसी और के हाथों का!
वह किसी और का हृदय होता है
जिसमें घुप जाता है चाकू!
अन्धा कर देता है ख़ून हमें!
खाने के पहले हम ख़ून में नहाते हैं

और सम्भोग के पहले भी!
ख़ून, हमारे सपनों में!

2.

एजहुताकन का तोता
जड़ पकड़ता है टीवी केबल पर
उसकी चोंचों में किसी तारे की भी तो किरण नहीं!
उसके पंखों से भी ख़ून टपकता है!

3.

मैं भी बदल जाता एक अदद चाकू में
अगर पास मेरे आँसू नहीं होते।

वो मेरी माँ थी जिसने मुझको आँसू दिये!
मैं डूबा संगीत में उस स्त्री के
जो गाना नहीं जानती थी।

4.

बचपन में मैं एक लड़की होना चाहता था,
आँखें काली करके मैं नाचता
छोटे लँहगों में आईनों के आगे!
पर अब नहीं! नहीं चाहता कि यह देह फाड़ डालें
एक रात में बीस-बीस मर्द!
और कृपया, प्रियतमा, अब तीसरी बच्ची
मत देना मुझको कभी दिन-दहाड़े!

5.

माँ के उन आँसुओं से
जो मोती जागे
सुलगा नहीं वे कर पाये कोई भी समुद्र!
सिर्फ़ एक लड़की ने किसी जगह उनकी पुकार सुनीं
और फूल बनने को आँखें अपनी खोलीं!

फूलों से तो चाकू बात नहीं करता।
सड़कों को और भूमियों को ये देते हैं चीर,
हर दिल में घुसकर वे चीखते हैं,
बन जाते हैं धर्म तुम्हारे लिए,
हर शब्द में घुसकर ये दहाड़ लेते हैं
और बन जाते हैं दल।

6.

आशान सी सीता बैठी है बीच में कहीं जंगल और आग के
जो उसको उसके स्वामी ने दिये
और याद करती है बालयान
रावण की जिसने कि उसको सिखाया
है प्यार क्या!

रावण की तरह सान्द्र
एक राक्षस-बच्चे की एषणा में
दुखती है सीता की कोख।

7.

चुक गये सारे शब्द प्यार के!
हर शब्द एक काँच है मदिरा की टूटी बोतल का,
जिससे हम आहत कर सकते हैं एक-दूसरे को!
प्यार करना ख़ून पीना है एक-दूसरे का
जब तक न्यायालय की सूचना
अपने दरवाज़ों पर साट जाये दुनिया!

8.

मर गयी है हमारी भाषा,
जिसने लिखा इसमें, छूट चुका है,
और उसका शव
वेताल की ही तरह हम उठाते हैं
चिड़िया की इस चहचहाहट में,
रुनझुन में पायल की,
प्रश्न इसके नहीं पाते हैं उत्तर!

9.

हकलाने वाले अब
धाराप्रवाह बोलते हैं
और मैं गुम्मा ध्वनियाँ निकालता हूँ
उस व्यक्ति की तरह जिसकी कि
जीभ कुतर दी गयी है।
कहती है तैरती हवा—लौटेगा सब कुछ!
मैं चाकू मारकर स्वयं को कहता हूँ—विश्वास करो!

10.

ब्रह्मपुत्र के तट पर
फूले हैं फिर गुलमोहर।
तुम नहीं हो इस कमरे में,
फिर दुखते हैं मेरे कन्धे
एक और शव ढोने की ख़ातिर शायद,
या शायद एक पंख ऐसा
उगा लेने की ख़ातिर
जो कोई चाकू न कुतर सके!
बाहर की तेज़ धूप में
अपने टूटे पंख फड़फड़ाता है जटायु!

जब लल्लदेद बोली सीमाओं के ख़िलाफ़

1.

कल रात मैंने चिनार का एक पेड़ देखा
चीखते-भागते हुए।
काँप रहे थे इसके पत्ते, शाखाएँ,
जड़ों से निकलता था ख़ून!
पीछे मुड़कर देखने में वह डरता था!
डूब गया था आसमान डल झील में,
अब एक दरिया था वह आग का!
तमतमाती झील से निकला
एक अजब-सा पशु
मगरमच्छ की देह और हज़ार ड्रैगन मुँह लिए हुए!
उसकी आँखों से बिजली फूटी!
दस हज़ार पंजों पर झूल रहे थे उसके
मृत बच्चे!
जब भी निकलता ज़हर उसकी इस बँटी हुई जिह्वा से,
लड़ने लगते भाई-भाई,
ग़ायब हो जाते झपाके में
केसर और चन्दन के पेड़।
अपनी उसाँस छोड़ता उठता है धूल का बवण्डर
सूरज बुझाकर कर देता औरतों को तितर-बितर

एक समय कमलों से आपूरित नावें अब
लावारिस लाशों से पटी हुई।
बारिश हुई हड्डियों की!
खण्डहरों पर पड़े
प्राणहीन हिम में शिव नाचे,
उनके डमरू से जगी मैं!

2.

मैं अकेली बैठी, गुमसुम, मेरा कण्ठ
नीला उस विष से जो मैंने पिया!
कहाँ गये देवदार
जो पूरे हो जाते फूल-फूल
जब शिव के बारे में मैं उनसे पूछती?
घाटी के सन्तो, कब फूटे
शब्द हमारे हृदय से
कच्चे घड़ों से जैसे पानी?
झरने और तारे बोलेंगे उनसे नहीं
जो कि सीमाओं में विश्वास रखेंगे!
मुझको सीमाओं में बिल्कुल भरोसा नहीं :
क्या बालू के कण उस धरती का नाम जानते हैं
जहाँ वे पड़े होते हैं?
सेब के पेड़ों की सारी जड़ें
एक-दूसरे की तरफ़ बढ़ती
आदमी की ही बनाई दीवारों के नीचे!
हवा, पानी और जड़ें काम करती हैं
दीवारों के ख़िलाफ़!
अपने तीखे डैनों से
मिटाती हैं चिड़ियाँ सीमाएँ

और एक सूखी पत्ती को भी
रोक नहीं पाती हैं
नक़्शे पर बनी हुई रेखाएँ।
चलो, हो जायें हम नदियाँ!

3.

धरती से मैं चल पड़ी
स्वर्ग की ओर, नरक की तरफ़,
किसी महाशब्द की अनुमति लिए बगैर!
मांस यही छूट गया :
इन्द्रधनुष पर सवार हुई आत्मा!
कभी-कभी इसे मिली चील
दो-आधा बँटी;
बादलों पर सींगें उगी हुई दीखीं!
देखा पाण्डव—माता को
जंगल से ईंधन चुनते हुए,
खच्चर की पीठ पर कालिन्दी जाते हुए
श्री कृष्ण दीखे,
मिट्टी-मिट्टी उनके कपड़े!
देखा शिव का नन्दी बैल
खेत जोतता,
पार्वती घूमती हुई पहाड़ियों पर,
धरती की करती चरवाही,
आदिवासी घोटुल से गाती सीता सुनाई दी,
और बाघ की माँद से
लव की हँसी भी सुनाई पड़ी।

4.

दोपहर में देखती हूँ मैं अँधियारा!
ज्वालामुखियों पर बैठे हम पीते हैं शराब,
क़ब्र के किनारे हम नाच रहे हैं।
चाँद पर पाँव रोप बैठे
हम दमक रहे हैं नन्दी बैल की आँखों में,
कहा मुझे बुलबुल ने,
रक्त नहीं मानता कोई सीमा!
अपना ही ख़ून दौड़ जाता है
औरों में!
प्यार में एक-दूसरे को छूते ही
एक हो जाता है ख़ून;
और घृणा से छूने पर
बहता है ख़ून चीखकर बाहर!
कपड़े भी सीमाएँ हैं!
इसीलिए तो मैं विवस्त्र हुई हूँ अपने शिव की ख़ातिर,
नंगी जैसी झील पर की हवा
जलती हुई बातियाँ होंठ मेरे,
मेरी छातियाँ
और मेरे नितम्ब गुगुल,
मैं ख़ुद ही हूँ अर्पण।
पीपल से पूछो, पलाश से,
आत्मा का कोई धर्म नहीं,
प्रकृति सबसे ही पीती है दूध।
नीला आकाश है नीलकण्ठ उसका।

5.

फुलसुँघी चिड़िया से मैंने कहा
कि वह बता दे मुझे मतलब अपने गाने का अपनी मृत्यु के पहले,

उसने बस इतना कहा, अंगारे बुझ जायेंगे
यदि वे चमक नहीं पाये!
मैंने देखा उसका गाना
भूखों के लिए धरा उपले पर!
ठण्ड में ठिठुरने वालों के लिए
वह चढ़ा करघे पर,
छत की तरह बंकिम होकर तना
बेघरों के लिए!
तब मुझको मतलब समझ आया
प्रार्थना का!
हर पत्थर शम्भु बना।
हर नस में कोयल ने अण्डे दिये,
सन्तूर का तार होता गया
हर स्नायु!
नाची गुफ़ा में मैं चीते की!
महाशब्द खो आया सारी सीमाएँ।

6.

उस अनन्त नील की
झील में!
शिव, मेरा तट,
निस्सीम हरा!
कोई लौह-पर्दा नहीं, न ही बाड़े,
बारिश और हिरणों को दोनों तरफ़ चरने दो!
काठ की गैया दूहने में लगे लोगो,
बाँहें आलिंगन की ख़ातिर हैं!
लोभ जिसने जीत रखा है,
तलवार की उसको क्या है ज़रूरत;

जिसने कि कामना जीती है, घूँघट का क्या काम उसको!
पत्थर की राह पकड़ लो :
वह मूसल है और नटराज,
दाग नहीं पकड़े!
देखो यहाँ, यह कण्ठ मेरा,
है यह ब्रह्मा का कटोरा,
एक फाख्ता और एक बाघ हैं मेरे कन्धों पर!
भविष्य का बचपन हूँ मैं
बादाम का पेड़ जिसके कि होते हैं सात जनम!
मैं वर्णमाला हूँ!

7.

मेरा भरोसा नहीं है सीमाओं में!
एक जन्म से दूसरे में टहल जाने वालों को
कोई क़िला नहीं रोकता!
हम अतीत में थे;
हम भविष्य में होंगे,
अनन्त हरदम ही टटका है,
कुएँ और चाँद की तरह!
माता की गोदी में जैसे कि बच्चा,
वैसे ही मेरा मन चिरविचलित इस देह में,
मोह-माया से ज़रा तो उठो—
बड़ी ममता की ओर,
जाओ वहाँ
जिसकी दिशा नहीं कोई!
चेतना की कोई सीमा नहीं
इन्द्रियों के बाहर!
धूप जीवनमुक्तों की होती है असीम!

अलविदा, मताई हुई सुबहों
जहाँ ख़ून के ही चकत्ते खिला करते हैं,
और अलविदा बारिशों इतिहास की,
जिसमें कि बारूद का स्वाद है!
लौटो, अंगूर की लताओ,
मेमनो, लौटो,
फ़रगुद्‌दी, कमल-ताल
बालुका-कण के अन्तःस्थल से तुमको
यह अनन्त रहा है पुकार।

जब हाथी नहाता है

जब नहाता है हाथी—
तो दिखाई पड़ती है बस
छाते की तरह पीठ काली,
टोंटी की तरह उठी सूँड़!

मछली कभी लगती है नाचने
पाँवों के चारों तरफ़ और कभी जल की वनस्पतियाँ
उसकी गीली चमड़ी गुदगुदाती हैं।
बाघों और भेड़ियों, चिड़ियों से भर जाती हैं
उसकी नन्ही वे आँखें!
उसकी उस पीठ पर लाल धूल
ताँबा-मिले स्वर्ण-जैसा चमकती है;
वह गँदला पानी बहता है स्वच्छ
जंगल के झरने-सा!
जब नहाता है हाथी,
हमारे उत्सव
अजब ढंग से ओछे पड़ जाते हैं! तुलनाएँ
हाथी को बिल्कुल पसन्द नहीं!
उत्सव-जुलूसों में तुम उसको
रोते हुए देख सकते हो,

हाथियों के और मनुष्यों के भाग्य पर
शोक मनाता है वो!
जब नहाता है हाथी,
सूँड़ों से ग्रीष्म हो जाता है गायब
और बारिशें आ जाती हैं!
जंगली चाँदनी बहती है उन आँखों से!
ताल में डूबी उस देह से
टपकता हुआ पानी—
गाता है हिंडोल राग!
समस्त फूले हुए वन की वह गन्ध तीखी
पागल कर देती है लोगों को!
प्रेम तोड़ देता है अपनी ज़ंजीरें,
आज़ादी चिंघारती है
और वर्णमाला उठाती है सूँड
अभिवादन में वसन्त के!

प्रकृति का नियम

मनुष्य जाति बँटी है दो तरह के लोगों में :
वे जो कुछ करते हैं
और वे जो सिर्फ़ देखते हैं!
जो कुछ करते हैं,
परिणाम उनको डराते नहीं
और लाभ की उनको चिन्ता नहीं होती!
वे जानते हैं, वे ग़लती कर सकते हैं,
और जानते हैं वे
ठीक करके गलती बढ़ जाना आगे!
हर करने वाले के साथ
एक देखने वाला भी लेता है जनम।
देखने वालों को कुछ भी करने की ज़रूरत नहीं होती,
उसका है काम देखना केवल!
उसका विश्वास है कि प्रकृति का है विनाश नियम।
देखने वाला हँसता है ज़ोर से
करने वाला जब भी गिरता है बेधड़ांग
उपन्यास के उस चिकित्सक की तरह
बल्लियों उछलता है जिसका दिल,
इस सूचना से कि प्लेग शहर में फैला उसके!
वह देखता ही है बस इसलिए

कि पकड़ पाये गलतियाँ
जिस रोज़ कोई भी गलती नहीं मिलती,
नींद नहीं आती उसे ठीक से!
उसका नायक है इयागो और उसका देवता है
शैतान, आलसी का खुदा!
वह फूल नहीं देखता,
फूल के भीतर का कीड़ा ज़रूर देखता है।
साँसें लेता है तो आश्वस्त होने की ख़ातिर
कि कितनी दुर्गन्ध है इस हवा में।
उसके जीवन का उद्देश्य ध्वस्त कर देना
काम करने वालों को गलतियाँ ढूँढ़कर
और उन्हें दीक्षित करना अपने ही धर्म में

वह नफ़रत करता है आस्तिकों से आस्था के लिए,
नास्तिकों से उनके सन्देशों के चलते
और कलाकारों से उनकी कला के!
उसका पहला है निर्देश यही
कि घृणा करो तुम पड़ोसी से
जैसे वह अपने पड़ोसी से करता है!
जब करने वाले को मिलता है श्रेय काम का,
देखने वाले का दिल घृणा से भरता है
करने वाले की हरेक सफलता पर वह मातम मनाता है
क्योंकि इसमें उसको अपनी ही हार दीखती है।
देखने वाले को कोई व्यवस्था
कभी परेशान नहीं करती,
बस व्यक्ति परेशान करते हैं उसको, हालाँकि कभी-कभी
वह दिखावा करता है नफ़रत करने की पूरी व्यवस्था से,
उसको लगता है कि ठीक है हमेशा वो ही

और वह गलती नहीं करता, काम ही नहीं करता क्योंकि वह!
आत्ममुग्ध इस व्यक्ति से तुम मिले होंगे
स्कूल में या काम की जगह
सड़क पर, राजनीति में,
कुण्ठित कलाकारों और लेखकों में,
उनमें भी जो दोस्त कहते हैं ख़ुद को तुम्हारा,
और घर में भी, क्यों नहीं भला!
देखने के भी होते हैं
अपने गुट :
एक दोष ढूँढ़ता है,
दूसरा नहीं ढूँढ़ पाता!
जो काम करते हैं,
वे समझते हैं कि विकास ही नियम हैं सृष्टि का।
उनको पता है कि आगे ही जायेंगे लोग
गिर-पड़कर, टूटकर-बिखरकर!
जो देखते हैं, वे उनकी करते है उपेक्षा
और इससे और चिढ़ जाते हैं देखने वाले : डर लगता है उन्हें
कि ये ज़हर लौट आयेगा और
मार डालेगा उनको!
अपने जीवन में क़भी झाँकने की
उन्हें नहीं मिलती है फुर्सत,
यह भी नहीं पूछते ख़ुद से
कि क्या किया दुनिया के वास्ते!
ये ही तो उनकी ताक़त है!
वे रात के एक जन्तु की तरह
हो जाते हैं अन्धे जब भी अँधेरा नहीं होता,
घृणा और झूठ ही तो ठहरे उनका आहार!
मृत्युशय्या पर भी

सिर्फ़ एक चिन्ता सताती है देखने वाले को :
क्या करने वाला उससे ज़्यादा लम्बा जी जायेगा।
तब कौन बच जायेगा उसके दोष ढूँढ़ने के लिए
इसलिए मरने के पहले
एक दोस्त वह ढूँढ़ लेता है
उस एक व्यक्ति के सीने में छुपने के वास्ते
जिसका कि पीछा वह करता रहा अन्त तक!
कहती है उसकी किताब–
सिर्फ़ बुराई तो बचती है क़ब्र के परे!

हिरोशिमा की याद में

(हिरोशिमा दिवस, 1991, पेरिंगॉम के लोगों के लिए)

हम हैं वो घासें, झुका नहीं सकता कोई जिनको
खरगोशों, भूकम्पों और क्रान्तियों के बाद बचे हुए,
हत्यारे, अपराधों के चुप गवाह, हम कहते हैं : और नहीं!

1.

हमें याद है हिरोशिमा की :
एक करोड़ सूर्यों की लेकर रोशनी
वसन्त की तरह उतरी इस घाटी में मौत!
बाद उसके, कोयले, राख,
नरमुण्डों के बागान।
जले हुए किमोनो, छाती के दूध
और ख़ून से टपकते हुए टप-टप;
घर की ठण्डी शरण तक
बदहवास दौड़ते हुए मर गिरे
बच्चों के जूते—सीढ़ियों पर,
स्कूल के बस्तों से डरकर छिटक गयी
प्यारी गुड़ियाँ—
ध्वस्त पड़ी फ़र्श पर
अचानक ही चुपा गयी, मशीनों से चिपकी पड़ी,

कपड़े बुनती उँगलियाँ, रोटियाँ,
भरे हुए गीतों की टोपियाँ,
मृत नृत्यों के घाघरे,
क्षत-विक्षत प्रेम,
तीक्ष्ण ग्रीम की
उजली तपिश में घुले
चेरी के फूल,
वे निकली आँखें,
पिछली घड़ियों पर वह पिघला समय
पिघली स्लेटों पर चिपकी पिघली भाषा!

2.

हम घासें,
जो धरती को बदल देती हैं
ग्रहपथ पर घूमते हुए पन्ने में,
हम बचाकर रखते हैं हर चुभन से
खेलते हुए और फूलों को, बच्चा-पाँवों
और मरते हुओं के नरमुण्डों पर
गोदना गुदाते हैं सपनों का,
कहते हैं हम :
बस, अब बस!
चरनोबिल की याद है हमें :
चाकू-फिकैतों की तरह
रक्त में नहाई मौत नहीं आयी,
साँड़ से भिड़ने वालों की तरह
लाल रुमाल लिए, चुस्त-चुस्त चड्ढी में!
हिरोशिमा में सूर्य जागा

उस पहले विस्फोट की तरह
जिससे जनमी धरती।
अप्रैल की मध्यरात्रि के जलसों के बीच कहीं
वह आया
गला घोंटने बुलबुलों का,
बंजारों के नाचते पैर थकमका देने के वास्ते!
चिपचिपी धरती के साँप वे अदृश्य सर्प,
विषैली रोशनी भेदती हुई कौओं की काँव-काँव,
बिल्लियों की म्याऊँ-म्याऊँ भेद
बच्चों की साँसें गुम होती
उन बैलूनों में
साथ हवा के
जो उनको उठाती हैं ऊपर,
जलते हुए बच्चों को लेकर
लगातार भागती हुई माँएँ
प्यास से मताई सड़कों पर
—कहीं नहीं जातीं जो।
व्यर्थ गयी प्रार्थनाओं की तरह
मरे हुए पैदा हुए बच्चे
पीले पड़े बिस्तरों पर!
पीतप्राण मृत्यु से भरी दूध की बोतलें,
रक्तपायी खेत टमाटरों के,
सोने की तलवारें भाँजते हुए खेत गेहूँ के,
ठूँठें जिनसे मरकर गिरती है चिड़िया,
तीता शहद, पराग काला, काली बरफ़,
मार गिराता हुआ बारिश को,
हवा को, चाँदनी को!

3.

हम, घासें,
सपनों की हरी झण्डियाँ,
आण्विक बारिश में भींगी,
युद्धभूमि के मरुथल में भी
जीवन का कोमल उद्‌घोष!
उगे नहीं हम
शाश्वत रात के खुर के नीचे कुचल जाने को!
हरे सन्देश पर हमारी
कुछ ध्यान तो धरो :
जागो, माताओ, मिट्टी पर
लोरियाँ और कद्‌दू भी उगाती हुई—
चारणों के ढोल से
जो कि उद्‌घोषित करते हैं साक्षी सुबह को,
निःस्वार्थ प्रेम के अनन्त चाँद को,
जीवनदायी जड़ों के साथ
जो बचा लेती हैं आण्विक ग्रहण से,
उठो, जगो, ओ बहादुर किसानो,
दलहन के खेतों में पालते और जगाते साक्ष्य की तरह
भविष्य का सोना
पोतों के, नातिनों के सपने
पूर्वजों के आँसू
रंगलीला के मुखौटों पर सूखे हुए,
ज़हरीली धरती से ढूँढ़कर निकालो
साहसिक कृत्यों का अथक सूर्य
जो गमकता है कसैली के फूलों से
जब तक कि भरपूर जीवन की सारी लयें
गूँजती अछूत के नगाड़ों में

और वंचितों के दिलों में,
जब तक कि यह धरती
सुरीली बारिश में फिर से नहीं फूले—
गड़ेरिए की वंशी,
मॉनसून के बादलों से!

महानगर में प्यार

महानगर में प्यार
रक्ततप्त लोहे पर
ढाला गया पानी है। भाफ-सी
छोड़ता है
दिल जलाने को!
महानगर में प्यार
एक गुलाब है फेंका हुआ
एक तेज़ गाड़ी से दूसरी पर!
दो तेज़ रफ़्तारों में
यह कुचल जाता है!
महानगर में प्यार
महानगर का आसमान—जानते हैं
कि वह है तो, पर घूमो जहाँ
वहाँ केवल दीवार!
महानगर में प्यार
सायनायड की गोली
किसी तरह से जिसका करके जुगाड़
खा लेता है क़ैदी जेल के भीतर!
यह वह कभी जान पाता नहीं—
मीठा था वह या कि कड़वा!

हरा

(केन सारो-वीवा की ख़ातिर)

वह एक आम-सा शुक्रवार था—
न मोमबत्ती, न प्रार्थना,
शुक्रवार कौओं और सूखे पत्तों वाला!
पहाड़ी की चोटी पर चुप थीं घण्टियाँ,
घाटियों से कोई शोर नहीं!
बासी ब्रेड की तरह क्यू में खड़े
चीथड़ों में बच्चे बेकरी के आगे!
जलावन की लकड़ियों कि लिए
औरतों की दुबली, साँवली री बाँहें
झाड़ियों पर सरकती साँप-सी!

किसान फँसे हुए
अपनी घुमावदार आँतों में
—दबा रही थीं जो उनका पंजर—
बढ़े जा रहे थे वे उन दलदलों में
जो प्राचीन हलों के साथ
लील चुके थे बुजुर्गों को।
मछुआरे, कई बार डूबे हुए,
अपने वे जाल झाड़कर जिनने उनको फँसा रखा था,

उठे और जाने लगे
फटी टोप में
मृत नदी की तरफ़!
दैत्य-सीपियों की तरह तेल के टैंकर
तहस-नहस मचा गये
दैत्य-प्यास से चीखती गलियों में!
नंगे-काले पेड़ आबनूस के
आकण्ठ जमे हुए
अन्तिम सदियों के लिए
गुम इन्तज़ार में खड़े!
आकाश ऑग्निस* का संकेतविहीन!
धुन्ध के झीने पर्दे से टिकी खड़ी, उभरी
प्यारी वो आकृति तुम्हारी
नवम्बर के नीचे आकाश में!
फाँसी देने वाले रस्सा
साफ़ मना कर गया कसने से
अनगाये गीतों से भरे हुए कण्ठ पर तुम्हारे।
तब भी पता था उसे : एक अश्वेत व्यक्ति का समय
मापा नहीं जाता घड़ियों से—कैलेण्डरों से,
बल्कि अपने ही पवित्र ख़ून से
जो रह-रहकर खींच देता है धरती को
सब-कुछ पावन करने की ख़ातिर :
कारागृह की उन दीवारों पर आदिम
दुश्मन के खदान और तेल के कुएँ,
सोनेता के बच्चों को सीधा जिबह करती राइफलें,
बियाफ्रा की वे तीस हज़ार क़ब्रगाहें,
साती अबाचस के गर्वीले पतझड़,

* 30,000 आग्निस बियाफ्रा के नागरिक विद्रोह में शहीद हुए।

अमरूद के फूल जो फूलना भूले,
जंगली तितलियों के काले ऐण्टीने।
यह रस्सी भी जानती है
कि वह मरने तक दम घोंटेगी
मेमने का, शेर का, नीली मणिम झील का,
जंगली फूलों से मताया हुआ एक जंगल,
एक अनन्त खदान कोयले का
जिससे कि पीढ़ियों को ऊर्जा मिलेगी!
उसकी कसती गिरफ़्त से बाख़बर
दिल ये तुम्हारा उछलता है शरीर के बाहर
और द्वार मिट्टी का खटखटाता है, टोउसा, सोलेपत
मैल्कम, मार्टिन, बेंजामिन, उठो और बातें करो।
बोलो कुछ, उन सबों के लिए जो यहाँ खेत आये
मरते क़बीले की ख़ातिर, आने वाली नस्लों के लिए,
मरते जंगल और नदी के लिए
हाथी की ख़ातिर, गौरैया की!
कसाई के बाड़े में रँभाती
गाय-सी धरती—देखो तो!
अपनी ही कोशिकाओं में
बढ़ते जाते इसके जासूस
कैंसर की तरह!
ख़तरे की घण्टी की तरह ज़रा बजने दो
अपने शरीरों को,
काले झण्डों में बदलने दो अपनी हथेलियाँ,
मांसपेशियों को बदलने दो तुम फाख्ताओं में!
काँपते संसार की ख़ातिर,
तब्दील होने दो
अपने बहादुर दिलों को

ऊष्मा के घोंसले में
और अपने इन सिरों को तुम सूरज में।
रस्सी अपना मिशन जानती है,
तुम हरीतिमा में बदल जाओ हर तरफ़, बाल हरे!
आँखें हरी! देह हरी और हड्डियाँ हरी!
हरी सोचें! शोक हरा!
हरी चुप्पी!
तुम्हारी अतीन्द्रिय आकृति खिंचती है आकाश तक!
सूर्य और चन्द्रमा परावर्तित करते हैं
हरीतिमा ये तुम्हारी,
धमनियाँ तुम्हारी फट जाती हैं फूलकर।
हरीतिमा उनकी धुल जाती है
पर्वत-हिम में,
घाटी की बारिश में,
मरुस्थल की धूप में!
तुम भी पिघल जाते हो
हरे-हरे तत्त्वों में तब्दील होते हुए।
एक-एक इनमें हरे पन्ने-सा ही दमकता हुआ,
एक आश्वासन की तरह
कि तुम निःसन्तान नहीं मरे।

एक औरत को प्यार करना

एक औरत को प्यार करना
उसे जगा लेना है पत्थर से,
सिर से पाँवों तक उसको सहलाते रहना
जब तक कि अभिशाप से बरफाया उसका रक्त
एक सपने से गरमा न उठे!

एक औरत को प्यार करना
बदल देना है उसके उस कालिख-पुते दिन को
एक ऐसी फुलसुँधी चिड़िया में
जो स्वर्ग का पराग-कण साँस में खींचती है!
फूले हुए पेड़ में ख़ुद को तब्दील कर लेना
जहाँ रात को उसके थके हुए डैने आराम करें।

एक औरत को प्यार करना
पाल खोल चल देना है तूफ़ानी सागर में
मेघायित आकाश के नीचे
एक नये महादेश की खोज में;
ले लेना लाल गुलमुहर
घर के दालान से और चल देना अनदेखे तट पर
उसे रोप आने!

एक औरत को प्यार करना
बदल लेना है अपनी कठिन मांसपेशियों को
किसी फूल की कोमलता से,
मुक्त कर लेना स्वयं को
शिरस्त्राण से, ताज से,
नंगा ही आकाश पार कर
और किसी ग्रह की हवाओं में, पानियों में।
छोड़ देना मांस अपना।

एक औरत को प्यार करना
प्राचीन चोट के निशानों से
किरण-तीक्ष्ण तलवार
ढूँढ़कर निकालने में उसकी
सहायता करना है
और अपना दिल उस धार से दबाना
जब तक कि पूरा ही रक्त तुम्हारा न बह जाये।
मैंने किसी औरत से प्यार नहीं किया।

नानी

विक्षिप्त थी मेरी नानी!
उसकी विक्षिप्तता पकी मृत्यु में—
धान की कोठरी के पुआल में लपेटकर
कंजूस मामा ने रखा उसे!
सूख-टटा फूट पड़ी नानी जब
उसके वे बीज उड़े खिड़की से बाहर,
धूप आयी और बारिश भी—
एक बीज पककर बना पेड़—
उसकी ही वासना ने मुझको जन्म दिया!
सुनहरे दाँतों वाले बन्दरों पर
कविता मैं कैसे न लिखता?

छुअन

जानता है सागर
जाल की छुअन!
हवा की छुअन पर
पाल उछल पड़ती है!
पहचानती है नदी हर छुअन
पनिहारिन की,
धोबिन की,
बालू खदोड़ लिए ले जाने वाले की,
और गोताखोर की या फिर डूब जाने वालों की!
इस तरह हँसती है वह, पीली पड़ती है,
मछली उछाल देती है, जम जाती है।

पानी देने वाली की छुअन पर
पेड़ हरस जाते हैं
और काँप जाते हैं लकड़हारे की छुअन पर!
फूल तोड़ने वालों के आगे
जैसे झुक ही जाते हैं गुलाब,
और कुछ अलग ही तरह से छूने वालों को
वे गड़ा देते हैं काँटे!
बच्चे समझ जाते हैं

कि वयस्क उन्हें छू रहे हैं नेह से
या कामना से।
पन्ना पलटने वाले की उँगलियों से
जान जाती है किताब कि
ये पाठक है या शोधकर्त्ता।
कम्प्यूटर-कुंजियाँ भी जान जाती हैं
किसकी छुअन है यह :
कवि, वैज्ञानिक, प्रेमी, चोर कौन है!
पृथ्वी बनाती है लोगों की, चीज़ों की श्रेणियाँ
इन सरणियों के मुताबिक :
डग भरना सीखता हुआ बच्चा,
छिछला, परस्त्रीगमनकामी,
झटपटिया हत्यारे,
चुरमुर सूखी पत्ती,
शर्मीली वर्षा,
कड़क धूप :
जैसे कि बाजा पहचानता है वादक को
डॉक्टर मरण को!
यह सच है कि प्रेम अन्धा है :
इसीलिए वह छूकर परखता है,
यौवन की कोमलता,
आकांक्षा की ऊष्णता
और जोड़े एक-दूसरे को
सम्बोधित करते हैं–
"सूरजमुखी मेरी
ओ मेरे सूरज!"
प्रेम की एक छुअन से पैदा
हम सब,

भूल जाते हैं कि
मर रहे हैं रोज़
धीरे
हम—
जब तक कि कोई दूसरी छुअन
क़ब्र से जगा न ले हमको।

मृत कविता

जब कोई कविता मरे,
गहरा दफनाना उसे—
इसके पहले कि रोगाणु
पूरी भाषा में पसर जायें।
जयमाल नहीं चाहिए, इसे चाहिए
धुएँ का छल्ला!

कल यह न ईंधन रहेगी
न तेल,
भात पकाने या सवारी चलाने के वास्ते
दूसरी कविताएँ हमें चाहिए होंगी।

दरअसल जग भी चुकी हैं
दूसरी क़ब्रों से
बहुतेरी कविताएँ
लड़कपन-भरी!
ध्यान से देखो उन्हें—
चमड़ी झुर्रीदार, बन्द आँखें,
गहरी साँसें और मूक हृदय!
और विगत की दुर्गन्ध!

उनपर वज़नी, और वज़नी
पुरस्कारों का जो हम ढेर-सा लगा देते हैं
तो इसलिए कि वे रात में कभी उठकर
नवजात कविताओं के
कोमल कण्ठ में अपने
विषदन्त व गड़ा जायें!

अलिखित कविता

मैं एक कविता
जो अब तक लिखी न गयी
बहुतेरे कवियों की उँगलियों के पोर तक
मैंने की यात्रा,
पर स्वप्न तक लौटी
अव्यक्त प्रेम की तरह
क्योंकि लिपि नहीं थी मेरी कोई भी।

भाषा से मुझे डर नहीं
जब तक है उसमें भविष्यकाल।
एक दिन पा लूँगा मैं शब्द अपने,
अचकचाया एक बच्चा
देखेगा कोई पतवार
खुलकर धीरे-धीरे उड़ती हुई
खाली पन्ने पर
एक नये तारे के नीचे!

कविता कहाँ इसमें

सूरज और कौओं के साथ मैं जगता हूँ,
सोयजन के पेड़ की तरह लेता हूँ अँगड़ाई।
घास के साथ घूमता हूँ बारिश में
पत्थर के साथ जागता हूँ नदी से :
कविता कहाँ इसमें?

पार्क में घूमता हूँ सुबह की रोशनी के तले,
और हवा के साथ अख़बार पढ़ता हूँ,
मक्खी के साथ-साथ करता हूँ नाश्ता,
बिल्ली के साथ सड़क पर निकलता हूँ,
कविता कहाँ इसमें?

गिलहरी के जैसा गपियाता हूँ फ़ोन पर,
कठफोड़वा-जैसे सन्देश भेजता हूँ,
रामजी के घोड़े-जैसा पढ़ता हूँ किताबें,
बन्दर की तरह ध्यान में बैठता हूँ,
कविता कहाँ इसमें?

सोता हूँ तो रात ढँक लेती है मुझको,
मेरे सपनों को नहीं लेना-देना कुछ दिन से,

तब मेरे कन्धे पर और कोई माथा होता है,
और कोई काल और आकाश,
एक नीला तोता, और विगत के पंख उसके,
आगत की चोंच,
लुकता-छिपता उड़ता है पार
बादल के, इन्द्रधनुष के :
क्या ये हो सकती है कविता?

कविता से कवि

जब बोलने को कहता हूँ,
तुम लगती हो गाने, गाने को कहते ही
तुम चुप्पी लेती हो साध : 'अपना फन्दा
समेट लो' के आदेश पर लगती हो
चीखने : तंग आ गया हूँ मैं!
क्या प्रयोजन ऐसे अनुयायी का
जो कि बात ही वहीं सुनता।
एक बार मैंने मृत्युमुखी आदमी को
पानी पिलाने की ख़ातिर तुम्हें भेजा;
तुम हो कि हत्यारे का घर जला आयीं।
मैंने कहा कि तुम गाओ प्रभाती,
तुमने अगली रात के ख़तरे
जता दिये।
सड़कों पर भेजा कि क्रान्ति-बीज बोओ,
तुमने सब वंचित शहीदों का फातिआ पढ़ा!
तुमको आदेश दिया वैराग्य का,
तुम गलियों में प्रेमगीत सुनाती हुई टहल आयीं,
तुम्हें प्रेयसी तक सन्देसा पहुँचाने को बोला मैं
और जोगिया पहने तुम आयीं वापस।
किस गर्भ की जायी हो तुम, धरती पर

या नभ में जनमी थी और कहाँ?
आईएनए अस्पताल के वार्ड में या गटर में?
किसने खिलाया-पिलाया तुम्हें? धूप ने या
हवा ने? कौन करता है भरण-पोषण तुम्हारा भला।
एकान्त या कि इतिहास?
क्या तुम सचमुच मेरी कविता हो?
क्या मेरे भीतर इतने लोग हैं?
मैं कौन हूँ? वक़्त या विषय ख़ुद ही?
अच्छा चलो, जाने दो, पर इतना तो बताओ
सोयीं किसके साथ कल रात? क्या राज़
है ऐसी तुड़ी-मुड़ी साड़ी का?

घुटन-भरे कमरों में

धीरे-धीरे जब मैं मरता हूँ
तुमसे, हवा से,
सपनों से, देवों से–
सब अभेद्य चीज़ों से
खचाखच-भरे कमरों में
फूलों को मैं पुकारता हूँ
एक-एक कर, नाम लेकर,
भर जाता है उनकी गन्ध से कमरा,
मेरी साँसें फिर घुट जाती हैं।

धरती के भीतर

मेरा भरोसा ही नहीं किया
जब मैं बोला कि धरती के भीतर
घण्टियाँ हैं, और अब तो
सुनती हो उन्हें कहीं धरती के भीतर
पेड़ हैं, पशु हैं,
जंगल, नदी, एक पूरा समुन्दर,
सड़कें, नगर, पुरालेखधारी स्तम्भ,
मठ, बच्चों-सी
हँसती यादें, सपने जो
धरती पर देखे नहीं हमने, अनगाये गीत,
महाबली के आस-पास बुनी,
अकथ कथाएँ, शेर की गुफ़ाएँ,
आग की और जोगियों की गुफ़ाएँ,
भूकम्प और पहाड़ की गुफ़ाएँ,
बर्फ़, हवा, भँवर, घाटियाँ!
घण्टियों के भीतर
कोई करता इन्तज़ार,
आँखें उसकी बिन बरौनी,
बर्फ़ की तरह सफ़ेद बाँहें,
धरती के भीतर!

माफ़ करो

उसके लिए जो लिखा मैंने
या जो कुछ लिख नहीं पाया,
जो लिखने वाला हूँ
और जो नहीं लिख पाऊँगा कभी—
उन सब के लिए मुझे माफ़ करो!

पेड़ों के खिलने के लिए मुझे माफ़ करो,
फूलों के फल बनने की ख़ातिर,
माफ़ करो
इतना सारा सोना, पानी, वसन्त
जमा करने की ख़ातिर
धरती के अन्तस् में!

धीरे-धीरे घटते चन्द्रमा की ख़ातिर माफ़ करो,
डूबते हुए सूरज की ख़ातिर
गति के लिए जीवितों की
और निष्प्राणों की थिरता के लिए मुझे माफ़ करो!

माफ़ करो धरती पर
इतने सारे रंग भरने की ख़ातिर,

ख़ून का रंग इतना लाल करने की ख़ातिर,
जंगल को भर देने की ख़ातिर पत्तों से,
आकाश को बारिश से,
बालू को तोख से
और स्वप्न से स्याही को!

माफ़ करो भर देने की ख़ातिर
शब्दों में इतना ज़्यादा मायने,
तारीख़ों में इतना इतिहास,
विगत में छुपा देने की ख़ातिर आगत को
और आगत में अभी को,
सर्जक की सर्जना की ख़ातिर माफ़ करो,
जो कि मुद्राओं में भर देता है नृत्य
और प्रकृति में संकेत!

भूकम्प-तूफ़ानों की ख़ातिर माफ़ करो,
दावानल की ख़ातिर,
गरजते समुन्दर की ख़ातिर!

टूटा हुआ यन्त्र धरती है,
मुझसे नहीं हो सकेगी मरम्मत,
बिना राज्य का राजा मैं ठहरा,
बिना अस्त्र का ईश्वर,
बिना जीभ का जीवन!

ऐसे ख़ुदा को ईजाद करो
जो तुमसे माँगे नहीं तुम्हारा ये सर,
निर्भय इनसान ईजाद करो!
ईजाद कर दो भाषा, वर्णमाला।

रक्तहीन

ऐसी ही रातों में
भूकम्प घटता है।

आकाश की लाल, इकलौती आँख की तरह,
नदियाँ हिब्रू बालें,
चिड़ियाँ व्याकरण भूल जायें अपनी उड़ानों का!
मधुमक्खियों में शहद सूख जाये
और घरों में बिल्लियाँ!
मकरन्द से रक्त बह निकले!

यन्त्रों की संख्या बढ़ जाये!
जंगलों की बात नहीं करे कोई!
घड़ियाँ बजायें दो सत्रह,
घण्टे की तरह बजे धरती,
अचकचाकर तुम उठो जब।

वाक्यों के लिए वक़्त होगा नहीं,
शब्द भी सरल होने चाहिए
रात की इकलौती चीख़ की तरह।

शोर, सिर्फ़ शोर हर तरफ़
शब्दकोष में भूकम्पों के!
उनका जटिल वाक्य
भर-रात,
मृतक को जगायेगा,
धरती के नीचे चला जायेगा!

गुरुवार, दो बजकर सत्रह मिनट,
धरती अपने पाँव अलगायेगी
मुझको जनेगी,
एकवचन उत्तम पुरुष में,
सूर्य की तरह
कोई रक्त नहीं!

वॉन गॉग के जूते

भगवान को प्यारा हो गया बहुत पहले
इन जूतों का मालिक, बच गयीं केवल स्मृतियाँ

ध्यान से देखो इस जोड़े को,
उसका पसीना और धूल
और कीचड़ जिसमें काम किया उसने,
देखो वह घास जहाँ लेटा वह,
जली हुई रोटी के भूरे ये दाग,
सड़े हुए आलू जो खाता रहा,
अपमान जिसमें रहा वह,
आँसू जो उसके घुटने भिगोते रहे
जब मुँह छुपाकर घुटनों में वह रोया,
जब सूखा मार गया उसकी फ़सल,
ज़मींदार उसपर चिल्लाया—ऐ कामचोर,
प्रेयसी भाग गयी उसकी
व्यापारी के साथ,
हैजे में बेटा मरा,
बेटी की इज़्ज़त लुटी,
पत्नी ने कर ली जब आत्महत्या,
गाँव की गलियों की स्मृतियाँ

जिनसे होकर वह कई बार गुज़रा,
दरवाज़े जिनपर वह खड़ा रहा
काम के इन्तज़ार में,
गिरजाघर जो ख़ारिज करते रहे प्रार्थनाएँ,
माता-पिता जो मरे प्लेग में,
घाटी के फूल नाम भूल गया जिनका वह,
चुराई हुई शराब की बोतल जो
क्रिसमस की रात दोस्त ने दे दी,
पीत मगर सस्मित वह चेहरा प्रिया का
चमकता हुआ।
पहली वाली रात की मोमबत्ती में,

सुबकते रहे जूते
जब तक दुबारा न पैदा हुए
टाँगें बनकर रेने माग्रिट की उन तस्वीरों में!

अपव्ययी लड़का

एक त्योहार के समय
दोस्तों-झण्डों के साथ
मैं निकल गया घर से!
लौटा तो ताबूत बनकर!
दोपहर की रोशनी और पुआल का
मेरा लिबास
उन्होंने उतारा और पहना दिया मुझको
रात का लबादा!
मेरे ख़ुदा के अण्डे उठाकर
शैतान रख आया
कोयल के घोंसले में,
मैं टूटा टुकड़ों में आईने-सा—
हर किरची मदिरा के मेघ पर सवार!
बिल्ली-सा मिमियाता मैं लौटा
जब सूअरबच्चे की भूख मुझे चीरने लगी!
मुझ पर मुहर है कसाई की अब,
और हृदय में मैंने रोपा है
शोक का बरफ-बिरवा!
लौटा हूँ मैं, थका हुआ और पावन,
दुःख की घाविल गायों की हुँकार,

लौटा हूँ वेश्यालयों से
धुआँ-धुआँ गन्धरस की तरह,
राजपथों से लौटा हूँ
पाप के संगमरमर-पत्थरों से दगा!
जो घर के बाहर रहा है,
चैन नहीं पाता कभी घर में!
क़ब्र का पत्थर हूँ अब तो मैं, निष्प्रभ, मृत!
मरुथल के काँटों में फँसे मेमने की तरह
हर्षगान मेरे धँसे हैं दीवारों में!
हवा, राजहंस, फ़सल और नाच
मेरे क़दमों से अड़े हैं!
घोंसला-जली चिड़िया की तरह
बेचैन–उड़ता हूँ मैं शब्द से शब्द तक!
'अरेबियन नाइट्स' के
चित्रों–
और चाँदनी-सिक्त बेबीलोन की
फरमेदार खिड़कियों पर
मँडराता हूँ मैं!
कल एक औरत ने
मेरी छाती पर
ऐसे गुलाब रख दिया
जैसे मैं मर ही चुका हूँ।
इस माँद में नहीं रहने का मैं,
वापस समुन्दर में फेंक दिये जाने के वास्ते,
जैसे कि मछुवारों के क़िस्से का राजदण्ड
वापस मंजूषा में।
फुहियों की चुटुर-पुटुर गौरैयाँ है बाहर!
अनभिज्ञ बेबेल की मीनार के ध्वंस से

झूल रहे झूले बच्चे
और माताएँ–दूध से भीगी हुई छातियाँ जैसे हों बालकनियाँ,
जंघाएँ खुशी-खुशी खुलती हैं।
कि बच्चा आ जाये बाहर!
एक बीज भी है वहाँ, बीज जो कि
पत्थर से खेत में फिसल आया!

अशान्ति

(आत्मकथा : कैण्टो)

एक मुहावरे का पेट फोड़कर बाहर आया था मैं।
सम्भावित वर्षा की एक दोपहर थी वह!
आया था मैं हाँफता उस नमक की तरह
जिसे समन्दर छोड़ना पड़ता है।
मृतकों और देवों की अँधियारी शाश्वतता से
अपने निष्कासन के ख़िलाफ़ तना,
चीखता हुआ कि क्यों ऐसे धकेला गया मुझको
प्रीतिहीन इस रोशनी में, कहते हैं जीवन जिसे!

यह एक कठिन प्रसव था,
कहती है माँ याद में खोयी, देर तलक झेली प्रसवपीड़ा उसने!
उसे क्या पता कि अपनी ही झिल्ली के जल में
डरकर छुपा था मैं,
भींचे हुए नाल उसकी!
रक्तसिक्त एक पहेली था मैं, कहते हैं मेरे पड़ोसी,
पर मेरा सिर एक ही था!
पापा का कहना है—मैं दलदल-सा नम था
और गन्ध भी मुझसे उठती थी दलदल की।
कहती है दीदी कि दुबला था
लोककथा से जो सरककर निकला था!

एक अशुभ जन्म का करता संकेत
छत से ढीला हो एक प्रश्न गिरा था!

2.

सौरि की अजवाइन स्वादिष्ट थी!
धरती पर और अधिक स्वादिष्ट चीज़ें हैं–
यह जाना जब माँ ने अपने स्तनाग्र में
कड़वा चिरैता मला
दूध मेरा छुड़ाने की ख़ातिर!
घर के पूरब उस कांजिराम पेड़ पर अभी
फल लगने बाक़ी थे!
सखुआ के पालने में लेटे
सुनते हुए पीढ़ियों का भय
कानों ने जान लिया था फ़र्क़
लोरी और ईश्वर की आवाज़ के बीच का,
आँखों ने फ़र्क़, माँ के केशों और रात के बीच का,
नाक ने पकती हुई दाल की ख़ुशबू और दीदी के आने के
बीच का फ़र्क़ जान लिया था,
जिह्वा ने जान लिया था फ़र्क़
शब्द और इमली के बीच का,
और त्वचा ने
पिता के स्पर्श और कम्बल के खुरदुरेपन का
माँ डरती थी कि यदि मेरे पड़ोसियों ने मुझको चूमा,
मैं मेंढक का बच्चा बन जाऊँगा!
मैं पानी में लौट जाने को तड़पा!

3.

बादल थे बाबा
जिनकी काली पीठ पर मैंने की घुड़चढ़ी;

माँ मेरी थी एक सुसुम-सी सफ़ेद नदी
दूध और गीत उमड़ते उसीसे!
तोतों को मेरी भूख का पता था,
उन्होंने जंगल को इत्तला किया।
पेड़ों ने फल दिया मुझे।
मछली को मेरी प्यास का पता था,
वे नदियों से बोलीं!
नदियाँ मेरे पालने तक उमड़ आयीं
और बारिश मेरे शयन-कक्ष में हो गयी!

हरदम तर स्तन लिए आयी यक्षणियाँ,
पर मैं मिला ही नहीं!
भूख थी वहाँ बस, और प्यास!
नींद में मैं पिछले जन्मों तक हो आया
एक घोड़े पर सवार।
घास की तरह फैलकर
हरे रंग की ख़ातिर एक सामगीत हुआ!
अमलतास की तरह फूला
और पीले का हुआ शब्दकोश।
मोरपंखों-मीनपक्षों पर धड़कते हुए पानी की
उत्फुल्लता जानी मैंने
और तेंदुए में तब्दील हुआ,
सीखा तब मैंने व्याकरण प्रमा का!

4.

एक दिन मैंने खड़े होने की सोची,
और मेरे साथ खड़ी हो गयी सारी दुनिया!
घूमा मैं अपना यह नाम बताने की ख़ातिर तो

घूमी यह दुनिया भी।
एक बच्चे ने संकेत किया दर्पण से,
उसके पीछे उसकी परछाईं थी!
वह खाती जो भी वह खाता!
पर मैं सो जाता तो भी वह जगा रहता।
और झाँकता सपनों में मेरे!
पहली दफा कुएँ में झाँकने पर
मैंने कुएँ के खुले मुँह में उसे पड़ा पाया!
मेरे सब जन्मों में वह था मेरे साथ ही!
एक किसी शब्द से अड़ा कोई अक्षर था मैं,
अक्षर जो अब तक उसी शब्द की तलाश में है,
हर शब्द में बैठकर फिर मैं उठ आता
कि यह नहीं, नहीं, यह भी नहीं उसका :
अब अकेला हूँ मैं बैठा घबराया-सा!

5.

तुम्हारे खरहा-विवर के माणिक उजाले में
सर्प मुझे लिए चले जाते हैं
और सियार लिए जाते हैं
तुम्हारे फेकरने की रात तलक!
उल्लू के पंखों पर उड़कर चले जाने दो मुझको
मृतकों की दुनिया में,
इन्द्रधनुष पर बैठकर मुझको छूने दो
देवदूतों के पर,
हंस की पीठ से उड़ा तो कमल-नाल से होता
धरती के उस पार तक मैं पहुँच जाऊँगा,
चमगादड़, पलाई फूल,
झरना या शंख या पका आम!

बस मुझपर 'मैं' बन जाने का
नहीं जोर डालना कभी!
मैं 'अन्य' कोई होकर ख़ुश हूँ!
मुझसे अब सहा नहीं जाता बोझ अस्मिता का
ढोया नहीं जाता वजन रूपाकारों का!
काफ़ी है कि मैं हूँ
मिठास गन्ने की,
और वह बतास जो बदल देती है
पीपल के पत्तों को बादल में,
या हूँ मैं बारिश की बूँदें
जो धरती के भीतर
बदल जाते हैं घण्टियों में!
काफ़ी है कि मैं हूँ चिड़िया का गाना
और किसी हड्डे का ख़्वाब?
काफ़ी है कि मैं हूँ
आग और आग और आग!

6.

जब मैंने शुरू किया चलना
कमरों के नम अँधेरों से
घुटनों के बल चलता आया मैं बाहर
आँगन के कँटीले किनारों तक—
धूप के सोने तक उठता हुआ,
लुका-छिपी खेलते
तितली इन्द्रधनुष के साथ।
हर पत्ती ने मुझको भेजा आमन्त्रण अपनी शिराओं का,
हर फूल ने अपनी ख़ुशबू और अपने शहद का,
अपनी नन्ही-नन्ही हरी उँगलियों से

घास ने मुझको सहलाया,
पत्थरों ने आगत दुख की कहानी कही,
पहली बारिश ने बपतिस्मा किया मेरा
कायनात के धर्म में!
मैं मिठास से ऊष्मा की तरफ़ चल दिया;
मुझको नमक ने सिखाया उच्चारण शब्दों का!
शब्द पहले आये कि वस्तुएँ,
ठीक से इतना याद नहीं!
ऐसा तो नहीं कि 'प्रकाश' शब्द ही प्रकाश बना?
ऊपर-नीचे मैं चला
भाषा की सर्पिल सीढ़ी पर,
मन्त्र की तरह साधे शब्द नये
इस दुनिया को मोह लेने की ख़ातिर!
शब्दों की जादुई लालटेन ने
कुछ भी कर सकने वाले जिन्न पैदा किए!
शब्दों से तो बनाये उन्होंने
पर्वत, महासागर, जंगल,
मरुस्थल, महल और बग़ीचे,
शब्द ही मेरे घोड़े थे,
इनपर ही घूमा मैं दुनिया-भर!
मांस-मज्जा बुख़ार के पास छोड़कर
घूम आया दिमाग़ उसका
इधर-उधर, दुनिया-भर!
ये ही वो दिन था जब ख़ून बरसा पहली दफ़ा
और चार बजे खिल जाने उन फूलों में
ज़हरीले दाँते उगे!
मौत के तट से मैं लौटा,
सुनाई पड़ी तब मुझे अवरुद्ध आवाज़ माँ की

रामायण का 'अरण्यकाण्ड' बाचती,
राशन की दुकान से खाली हाथ लौटे पिता को
युद्ध के बारे में बतियाते मैंने सुना!
एक मूक देवी पर चढ़ाने की ख़ातिर
गुड़हुल का फूल लूझते
कोढ़ी के बँउँगली हाथ देखे मैंने,
मूँगे के पेड़ से
और अधिक पत्तियाँ उगाने की प्रार्थना करती
बारिश में सिक्त एक वृद्धा की
आवाज़ भी सुन ली!
खेल के साथी के निलछौंह शव के वे
काँपते हुए होंठ देखे
जो चाहते थे मुझसे कहना कुछ!
ख़त्म हो गया था मेरा बचपन।
एक पेड़ लाल पत्तों और काले फूलों वाला,
मोहक फलों से लदा,
आकाश में अब दमकता था हज़ार आँखें लिए।
सींग और खुर और सूँड़-रागेत एक पशु जगा
धनखेत की बाड़ से—
सात-सात माथों पर पहने हुए सात ताज,
कीचड़ में लथपथ।
सुल्तान वाली तलवार से डरकर
एक कहानी सुनाई इन शब्दों ने रोज़,
और हर जन्म में एक नया नाम,
एक रूप नया पाया—
वे बोधिसत्त्व बने।
अर्पण बने अन्तर्तम का,
कुंजियाँ बने उन जादुई गुफ़ाओं की!

खड़ियाछुआई के दिन कनिष्ठा ने
बड़े हाथ के ऊँट की भी सवारी की
और स्लेट पर लिख दिया हरिश्री'
इन टेढ़ी-मेढ़ी लकीरों से बाद में उगे
सूर्य, घोड़े, झण्डे, पैगम्बर वगैरह-वगैरह!
सच्ची-मुच्ची की दुनिया कौन थी?
कौन है, कौन वाली?

7.

भय मैंने देखा
ठहरे हुए पोखरों में जंगली लताओं से लिपटा,
चाँदनी की काँपती पत्तियों में
रात के समुद्र पर रूपे हुए पाँवों से धँसती चली जाती बालू में,
अँगनैया में उभरे एक अकेले पाँव के छापे में
निमोनिया ने प्रकर्ष पर
क्षीणकाय बच्चा बकता हुआ अण्ड-बण्ड,
ताबीज़ उसके गले में–
सपनों और बारिश के बीच कहीं टँगा।

हकलाहट

हकलाहट कोई विकलांगता नहीं,
बोलने की एक (ख़ास) पद्धति है!

हकलाहट चुप्पी है, पड़ जाती है जो
शब्द और शब्दार्थ के बीच जाकर कहीं,
जैसे कि लँगड़ाहट वह चुप्पी जो
शब्द और कृत्य के बीच गिर पड़ती है!

भाषा के पहले आयी थी हकलाहट
कि बाद उसके?
बोली है कोई कि भाषा ही पूरी?
ये प्रश्न भाषाविदों में जगाते हैं
हकलाहट!

हर बार जब हम हकलाते हैं
शब्दार्थ के देवता को
एक बलि ही चढ़ाते हैं!
जब पूरी जाति हकलाती है,
हकलाहट मातृभाषा ही हो जाती है
जैसे इन दिनों!

आदमी बनाते हुए
हकलाया होगा ज़रूर ईश्वर,
इसीलिए सब शब्द आदमी के
अलग-अलग अर्थों से पटे हुए,
इसीलिए जो भी वह बोलता है
प्रार्थना हो या आदेश,
हकलाते हैं कविता की तरह।

किसने कहा?

किसने कहा
कि प्रतीक्षा रेलवे स्टेशन है
पूर्वी मालाबार में? कि
एक दिन सुबह वर्दी में
ताबूत-बन्द वहाँ पहुँचेगी?

किसने कहा
कि है याद एक ख़ुशबू-भरी खिड़की
पके अनाजों के किसी खेत पर खुलती? कि
शरीर अपना हो जाता है ठण्डा
जब उधर सूरज ढल जाता है?

किसने कहा कि
भूल गये पेड़
हवा की भाषा? कि हमको निश्चित
छुपा लेना चाहिए कमलनियों से, खरहों से
प्रेम की मौत की ख़बर?

किसने कहा
कि अब चन्द्रमा हो जायेगा भारी

किसी पियक्कड़ के माथे की तरह? कि
शामों की छाती भारी हो जायेगी
प्रेमी के खुसुर-फुसुर गीतों-सी?

किसने कहा कि
हम दौड़ रहे हैं नंगे पैर
लाल-तप्त लोहे पर
मुट्ठी भर बचपन की बारिश लिए? कि अन्त में
अपनी चाभी थमा देंगे उसको ही?

किसने कहा कि
मरा हुआ आदमी
युवतर हुआ जाता है और
घुस जाता है और ही समय में?
कि पक्षी सूर्यास्त में जो ग़ायब हो लिए,
फिर से प्रकट होंगे जब शब्द चुक जायेंगे?
किसने कहा
कि समझ लेंगे हम सब-कुछ
किसी के बिना कुछ कहे?
और फिर भी हम नहीं करेंगे साझा
किसी शख़्स से जो भी हम जानते हैं?

उम्मीद की तीन कविताएँ

गीली घास पर

गीली घास पर जो पदचिह्न हैं,
ज़रूरी नहीं कि वे हों मृत्यु के ही;
एक लोकगीत वहाँ से गुज़रा है शायद!
कुछ कहना है तितली को
जो तुम्हारी तलहथी पर काँप रही है!
बीच में ही चू जाने वाले
आम और जामुन
किरा शिद्दत से करते थे इन्तज़ार
हाथों के दोनों का!
क्या तुम नहीं सुन रहे खुसफुसाहट समुन्दर की—
ऋण चुकाने के लिए ये नहीं होते!
एक टुकड़ा आसमान तो तुम्हारी यह
तंग, अँधेरी कोठरी भी है
आशिर्सिंचित है सब कुछ ही :
मछली, रइयाँ, नरकट
धूप, होंठ, शब्द!

कभी-कभी

कभी-कभी हँस लेना अच्छा है
आत्महत्या के एक क्षण पहले भी
क्योंकि सूरज तो बच जायेगा बाद तुम्हारे,
मछुआरे अब भी अपनी नन्ही नौकाएँ सजाते हैं
और धँस पड़ते हैं घहरते समुन्दर के बीच;
तट पर ही सीख लेते हैं उड़ना वे कपड़े
डूबकर मरे आदमी के!
दुर्दिन के बिस्तर से उठकर
स्वर्ग में सीधा खिल जाते हैं औरत और आदमी;
दुपहरिया पर सवार लड़का
हौदे वाले हाथी की तरफ़ देखता है!
नारंगी के फूल सूँघती
धीरे-धीरे बतास में बदल जाती है एक लड़की
घर लौटी चिड़िया
सेती है चार नीले अण्डे
और झुटपुटे में तारा
होंठों पर पियक्कड़ के!

चाँद की तरह काँपते हैं नदी पर (गायक) सहगल!
छाते से चेहरा छिपाये एक कविता
बरगद से होकर गुज़रती है,
कवि कुन्हीराम नायर की याद में
कोलाकासिया पत्ती पर पन्ना बनती है वर्षा की बूँद एक!

जो जाते हैं

जाने दो उनको जो चाहते हैं जाना;
आँखें घुमा लो उनकी तरफ़ जो बचे हैं;

आईना देखो, एक देवदूत सामने से तुम्हें देखता है–
कहता है तुमसे तुम्हारे ही स्वर में,
"जिओ और जिए चलो!"
चुप्पी सुनो–
यह एक उच्छल कलकल है
झरने की, जैसे कि
हाथों से बाल पीछे करती, हँस पड़ती प्रियतमा तुम्हारी;
नृत्य पंक्तियों का,
पायल हवा का; नदी-पार किसी तरह बच आये
लोगों का गाना, करतल ध्वनि से आगे आया
नव वर्ष फूलों के झुमके वे उसके पहन आया!
कल कुछ नहीं लाता–
न आगत कल, न विगत–
आकाश की ओर खुलने वाले दो दरवाज़े हैं ये।
और गन्ध : गीली पुआल,
'एलान्जी', फूल कसैली के, इलायची,
साँपों के अण्डे, पेड़ों-मनुष्यों के
स्राव रहस्यमय!
मैं आज नहीं सोऊँगा,
न तुम्हें सोने दूँगा।

सुलेखा

इतने सारे डैनों के साथ
वहाँ क्या कर रही हो, सुलेखा?
एक दैवी दुल्हन का वो सफ़ेद-सा लबादा,
वे गुलाब और वे सफ़ेद स्वप्न : देख रहा हूँ सब-कुछ!
बलिदान-बेदी की गोद ली हुई बच्ची तुम,
तीक्ष्णप्रवाही उन झरनों की गन्ध पुरातन,
बेसब्र, पारदर्शी वो मुस्कान आईने की!
हर रात आती हो तुम,
नमक-भीत से आती तीक्ष्ण हवाओं पर सवार,
कुहासे की तरह दिखाती हो वो घाव
और सुबकने लगती हो!
लहसुन की कलियों-सी पीली है रात शीत की
काँपती हुई पार खिड़की के;
भूरे लगते वे कैंसर के चकत्ते
चिता पर उभरते,
मृतकों की उस चिरायँध गन्ध में
डूब जाती है ख़ुशबू
पलाई, अराली के फूलों की!
तुम्हें भी शरण लेनी चाहिए थी यहीं
चाँदनी में, कुहासे के इस कुकुरमुत्ते के तले।
पर हमारे बीच अड़ा रहा

वह मोटा-सा चिपचिपा जानवर
जो रहता है उन अँधेरे कुओं में!
क्या वो ही तुम्हारे भीतर में
कैंसर बन लगातार फैलता रहा?
तुम्हारी नन्हे कानों में
क्या फुसफुसाई लपटें चिता की
सोने की उँगलियों से
तुम्हारे मृत केश सहलाती?
गोद में तुमको लिए,
तुमको दुलारते हुए
कौन-सा गीत गाये अग्निदेव
जबतक कि फूटी नहीं हड्डियाँ वे तुम्हारी उत्तप्त आवेग में?
तुम दुनिया में ज़रा जल्दी चली आयीं!
सूर्यमुखियों में भी पंजे और विषदन्त होते हैं धरती पर
न्याय की काली किताबों की तरह
देशभक्तों के लिए खुलती है जेल,
न्यायप्रिय लोगों की टूटी हुई हड्डियों से
गुज़रती है बंजर हवा!
ख़ुशबू भरी धरती पर
पहली बारिश की तरह जन्म लेना इस बार—
सोंधी माटी की ख़ुशबू जगाती हुई!
आँगन के नीम-तले ओरी से बहना
हँसती हुई।
तब एक बच्चा ताली बजाता-किलकता
छोड़ेगा छाती पर
काग़ज़ की नाव,
तीर की तरह अपने पंख झाड़ती
फुलसुँधी चिड़िया
तुम्हारे ही ऊपर से उड़ जायेगी!
वह चिड़िया मैं होऊँगा!

मसीहा

(सेण्ट पीटर्सबर्ग में दोस्तोएवस्की के घर)

फ्योदोर, यह तुम्हारा अन्तिम नर्क था!
धरती पर मानव-नियति की गहरी चिन्ता में खोए
बैठे हो तुम इस कमरे की
धुँधली-सी रोशनी में—देख सकता हूँ तुम्हें बैठा हुआ!
एक दुबला, ख़ूबसूरत-सा जीसस
पीछे खड़ा है तुम्हारी कुर्सी के—
चुप अकानता जीवन्त संगीत
जो पन्नों पर तुम क़लम से उकेरते हो!
जीवन ने जला दिये हैं पोर जिनके
उन तुम्हारी उँगलियों पर,
भरोसे-अँदेसे के बीच की आग में
नाचते हुए ईवान कार्माजोव को
देखता है जीसस!
उसका वह अमर रक्त महात्याग वाला
घुलता तुम्हारे अदम्य रक्त में!
फ्योदोर,
उड़ते रहे तुम प्रेताविष्ट-से
ताबूत-से कमरों
और मरघट जैसे उन बलारेजों के
भीतर-बाहर।

तुमने ग़रीबों को चुना हुआ देखा दीवारों में,
चारदीवारियों, गलियों, अँगनैयों, नीची छतों से दबा...
डरते थे तुम कि वह आसमान झुक आयेगा
और पेड़ भी जेल के सीखचों-सा
धर दबोचेंगे तुम्हें,
कर्ज़े जो चुके नहीं, और भी मुरकट्टे कुछ भूत
अन्त तक जान को लगे ही!
फ्योदोर,
सेमिनोव स्केवेर का कारागृह मैंने देखा
जहाँ मौत की तुमने चार बरस तक प्रतीक्षा की
देखता रहा तुमको पत्थरों की ठेलागाड़ी खींचते हुए,
आँखों पर बाँधे हुए पट्टी, गोलियों का करते इन्तज़ार!
जीवन तक वापस बुला जो तुम लिए गये,
मिनट नहीं लगा तुम्हें जीवन का महोद्‌देश्य पहचान लेने में!
सूरज के पार से वह रोशनी जो आयी तुम तक—
ईश्वर की थी या शैतान की?
जो तुमको डुबा ले गयीं, फ्योदोर,
गोलियाँ नहीं थीं,
भँवर थे तुम्हारी संवेदी शिराओं के,
ज्वार थे तुम्हारी
अपनी नसों के,
आवाज़ों-बिम्बों का नारकीय पल्लवन।
तुम तो ख़ुद ही थे न
माल्योशा, निवज्या, ईवान और रास्कोलिनिकोव?
आल्केडी, वकेबिन्स्की, पेट्रोविच,
स्टाव्रोगिन, देवुश्किन तुम ही तो थे...
पापी और धर्मात्मा,
पियक्कड़ मसीहा,
प्रेमी और बागी?

हरदम तुम तलवार की धार पर चले,
जागी हुई रातों में बैठे बीच कहीं
विदा ले रहे दोस्त, मरती हुई प्रियतमा,
बेटी की उस अन्तिम चीख़ और मित्र के विदागीतों के।
मसीहों के वे पावन शब्द सुने तुमने,
—ट्रेन की स्टील के नीचे कड़कड़ाकर टूटते कॉलरबोन की तरह।
और सुनी चीख़ें कटते हुए लोगों की—
यन्त्र-दन्त में जकड़ी और रक्तरंजित।
किसी भेड़िए के जबड़ों से फँसी बच्ची
प्यार, उसे बचा लिए जाने की एक राह की टोह में
तुम भी कहाँ-कहाँ भटके और
अन्ततः थककर शरण ले ली अकेलेपन में
और जब लगने लगा,
प्रेम नहीं, लोगों को एकजुट करती है नफ़रत।
मृत्यु ही थी जिसने
खेला जुआ तुमसे—
मृत्यु जो तुमको घूरती हुई बैठी थी
और दाँत पीसती हुई!

नीला था सपना तुम्हारा।
नीली थी मृत्यु जिसने तुम्हारा गला घोंटा,
नीला वह पानी जिसमें तुम डूबे,
नीली वह आग कि जिसने जलाया तुम्हें,
नीला-सा स्वर्ग, नीले ईशू,
यहाँ, बीच हमारे अटक रह गये,
पार नहीं कर पाये हम एक-दूसरे को
एक-दूसरे तक पहुँच ही नहीं पाये।
यहाँ पड़े रहने से अच्छा कि बनकर रहूँ
गरम हवा खजूर के ऊपर की

मैं सहारा मरुथल में,
या पड़ोसियों की लथाड़ी
वह नीति-कथा धर्मग्रन्थों की!
तो अलविदा, जा रहा हूँ मैं!
एक अन्धा जानवर है घर!

तुम्हारे होंठ

सुर्ख लाल होंठ हैं तुम्हारे।
मैं चूमता हूँ तुम्हें तो हो जाते हैं होंठ मेरे
चिलचिलाती दोपहर!
चुहचुहाता-सा मधुछत्ता हैं
होंठ ये तुम्हारे, देता हूँ हल्की भी थपकी तो
हड्डे हज़ारों कब्ज़ा कर लेते हैं इस दिल पर।

मेरे उन खोए सपनों की टहक लाल सुबहें हैं
होंठ ये तुम्हारे! मेरी आँखें छूते हैं ये तो
गर्मी का सूरज धधक आता है दृष्टि में!
अम्ल-छकी पंखिल लेखनियाँ ये होंठ हैं तुम्हारे
लिख देते हैं हमेशा के लिए
मेरे माथे पर, नाम यह तुम्हारा!
जेठ की धूल-भरी आँधियाँ,
देह से गुज़रती हैं मेरी, जगाते हुए
धूल, पानी, कविता, एक साथ!

सागर-तट ये वाला, वो वाला—
इन दोनों होंठों के बीच की उत्ताल-सी उस लहर में
मैं छपाक छोड़ता हूँ अपनी जिह्वा!
नन्हे-से लाल पंख होंठ ये तुम्हारे,
उनपर सवार होंठ मेरे
कैसी उड़ान मार आते हैं एक कालातीत नीलिमा में,
लाल महासागर के तट हैं होंठ ये तुम्हारे!
मैं ध्यानमग्न बैठ जाता हूँ उनपर
दिन की ढलान देखता!
जन्म और मृत्यु हैं होंठ ये तुम्हारे!
मेरा वजूद फँसा पड़ा हुआ है
बीच उनके!
इन लाल पुलियों के साथ-साथ
चल देता हूँ मैं इस दुनिया से
उस दुनिया तक!

रेशम, गुलाब, इन्द्रधनुष और पुलिया,
पानी, सतालू, पंख और हर्षातिरेक!
तुम्हारे होंठों के बीच से निकलते हैं
प्रेम, आग, वसन्त, चाँदनी,
बच्चे और छाती का दूध!
'सा' से 'सा' के बीच के
सातों सुर, आरोह-अवरोह, नामित-अनामित
सब राग!
अ आ इ ई, कखग,
इनके ही बीच वर्णमाला, हैं और शब्द सारे!
कुछ को पकड़ता हूँ मैं अपने होंठों से
और गूँथ देता हूँ साथ!

मैं इसको कविता कहता हूँ,
तुम कहती हो प्यार,
सचमुच में यह आत्मा है, क्षीण एहसास
नरककुण्ड से जो निकलता है जलकर :
दान्ते, पॉल सेलान, इडप्पिल्ली!*

---

*इडप्पिली राघवन पिल्लई—मलयालम के रूमानी कवि जिन्होंने गरीबी और त्रिया बिछोह के कारण आत्महत्या कर ली।

अदृश्य

1.

मैंने नहीं देखा तुमको;
शायद देखूँगा भी नहीं कभी!
जानता हूँ फिर भी कि तुम हो,
अनदेखे तारों की तरह,
तुरत-सृजित चिड़िया के पंखों की
आश्चर्यविह्वल थपक-जैसी,
भाषा के सीमान्तों पर
आधा ही ढल पाये शब्दों-सी,
कुछ उन ग्रहों-सी
जो अब तक लावा हैं!

2.

काँच-काँच आवाज़
है जो तुम्हारी,
वह तेज़ कर देती है धड़कन—
कॉफ़ी, काली मिर्च,
जैज संगीत और हशीश की तरह!

3.

टपकती हुई-सी सुरंग–
उस पार जिसके है रोशनी!
कामना है, भीगता-भीगता
गुज़रूँ तुमसे–
जंगल की चिड़िया से सुनता हुआ गाने,
हवा भी मता जाती है जिससे!

4.

दूर दमकती इस देह से तुम्हारी
कितने फूलों की सुगन्ध चली आती है
मेरी ये इन्द्रियाँ जगाने!

5.

हिलने दो हाथ
खिलखिलाती जायें चूड़ियाँ,
आकार देती हुई प्रेम की तुनुक मूर्तियों को!
किसने कहा, जीवन एक पेड़ है
जो केवल एक बार खिलता है
और फिर जाता है सूख?
ये ही वो क्षण है
खिल जाने का, दोहराया जायेगा नहीं ये कभी!

6.

मैं बालू का कण हूँ,
तुम अनन्त सागर!

चलो, मैं अभी और बढ़ता हूँ–
धरती बनकर घेर लेने तक तुमको!

7.

भूचाल-कम्पित शहर की
सबसे ऊँची उस इमारत-सा
काँप रहा हूँ मैं!
तुम उसकी प्राचीनतम हो सड़क!
खुल जाओ तुम बीच से
कि मैं ढह जाऊँ
और समा जाऊँ कोख में तुम्हारी
और खोलूँ अपनी ताज़ा आँखें
उस रोशनी के शहर में
जो अभी पैदा होनी है!

इन दिनों प्रेम कैसे मरता है

मरता है प्रेम जैसे कौए मरते हैं :
समझ में नहीं आता
कब एक दिन नज़र से ओझल
हो जाता है कोई देखते-ही-देखते!

मधुमय किया था तुम्हारा शरीर और मन भी जो
ठीक से तीता हो जाने का
वक़्त भी नहीं पाते!
शब्दकोश से ग़ायब हो जाते हैं
सारे वे सुग्गा-मैना वाले सम्बोधन!
कम्प्यूटर भी भूल जाता है
सारे वे छद्‌म यूजरनेम और पासवर्ड
जो उसको पाती पहुँचाते थे।
बिजली गुल हो जाती है
सारे पैगामों की!
दूर का सितारा हो जाता है
वह फेसबुक जिसपर
तीन बार दिन में तुम जाते थे।

आवाज़ जो कि दिल धड़काया करती थी

आवाज़ जो कि दिल धड़काया करती थी,
अब एक गाना है—
एक गुज़रती गाड़ी पर से
सुना।
उसकी सुगन्ध
वो गुमनाम फूल हो गयी है
जिसे कभी एक झलक देखा था
बचपन में दूर पहाड़ी पर!
उसकी छुअन रह गयी
कपड़े छूकर निकल गया दरख़्त
—सड़क के किनारे खड़ा।

तुमने वह अक्षर भी जान लिया है!
वर्षा के पानी में घुलकर
वह नाम भी पहुँच जायेगा अब
हज़ार नामों के उस महासागर में
किसी पगलेट दोपहर में
किसी किनारे की लहर में दमकता
दमकता हुआ जैसे
धूप में चमकता है चाकू!

देवदूत

देवदूत चाँदनी की खुराक पर तो नहीं जीते।
आपेक्षिकता के बारे में नहीं पता कुछ उन्हें।
वे गुरुत्वाकर्षण को धता बता देते हैं!
हाथों की जगह पंख होते हैं उनके,
सो उनसे प्याली भी ठीक से नहीं पकड़ी जाती,
छुट्टे वे गिन ही नहीं पाते, न फ्यूज ही ठीक कर पाते हैं,
एसएमएस भेजने का तो कोई सवाल ही नहीं,
श्राद्ध में शामिल होना उनको अच्छा नहीं लगता,
हाँ-हाँ, कपोल कल्पना हैं वे
बीमारों को घेर कर वे खड़े रहते हैं क्योंकि
वे लोरियाँ सुनाते हैं सड़कों पर सोए हुओं को!

भगवान से उनका रिश्ता खटाई में है।
भोग और आलस्य की अति के कारण ही
स्वर्ग से निकाला गया उनको।
धरती पर टपका दिये जाने पर ही
उन्हें उबार पाये तुम
गैबरियल, रैफेल वगैर-वग़ैरह।
मधुमेह और रक्तचाप की शिकायत रहती है उन्हें,
दैवी शहद का अगरधत्त पान किया था इन्होंने।
असर ही नहीं होता इनपर इन आदम दवाओं का!

मेरी वसीयत

मैं हवा के नाम करता हूँ अपना शरीर
भूख उसे तूफ़ान कर दे
और प्यास बारिश बना दे;
नमक और काई की गन्ध में नहाई हुई,
गर्मी में और शीत में वह लगातार भटके
लिए-दिये सर्पमूलफूल,
अन्तहीन आकांक्षाएँ
कि किसी तरह मिट जायें पाप!
और आग के नाम करता हूँ अपने विचार,
हर चूल्हे में वे जलें,
लपटों की तरह खिलें हर नस में,
लपटों के नृत्य में
हो जाये पावन यह धरती,
बच्चे फिर अपनी मशालें इससे सुलगाएँ!
पानी के नाम कर देता हूँ अपनी यह उमड़न!
फिर से खिलें सूखी नदियाँ,
वसन्त अपना फिर फण काढ़े
और नाचे रेगिस्तानों में
शाश्वतता की लोरियाँ उनको गाने दो,
गहरे सागर में अकेले पड़े

नाविकों के नीचे एकाकीपन की वे लोरियाँ।
आकाश के नाम करता हूँ अपने ये सपने!
इन्हें इन्द्रधनुषों को
सात सौ रंगों की आभा दे देने दो,
झाँकें सुनहरी पलक वाली आँखें
बादलों के बीच से,
चिड़ियों के कोमल कण्ठों में वे जलगीत बन ठहरें!
धरती को देता हूँ अपने ये शब्द,
एक सीपिया रंग दे दें जड़ों को
नाकाफ़ी ये दस्तावेज़
अशान्त ज़िन्दगी के;
धरा-गर्भ में जाकर
कोयला बनें!
जब कल की छुकछुक गाड़ी में
वे इंजन बनें,
मुझको भी एक सीट दे देना :
मैं जाना चाहता हूँ तिरूर
कंचन से दो सवाल पूछने!

भेड़िया

मैं, वह प्रसिद्ध भेड़िया :
तीन लोकों का स्वामी;
जंगल का तर्क मेरा तर्क ठहरा
मेरी भाषा ठहरी मौत,
धरती है एक तश्तरी मेरे लिए
मेरे शिकार से उपलाई!
मेरी इन आँखों के ग्रीष्म से नहीं बचेगा कोई मेमना!
जूठन नहीं कोई मेरे लिए, मैं कोई कुत्ता नहीं हूँ,
कोई शहद भी नहीं कि मैं नहीं कोई भालू :
मरे हुओं को छोड़ता हूँ
चीलों, सियारों की ख़ातिर।
तप्त लहू जीवितों का
जीभ को कर देता है मदिरालस!
मुझे शान्ति अच्छी लगती है, और युद्ध भी!
मेरे शिकारों की गुर्राहट
जंगल की चालू ध्वनियाँ सब डुबा देती हैं!

मैं स्वर्ग का भेड़िया हूँ,
त्रिकालस्वामी!
चीर देती है पहाड़ बीच से मेरी गुर्राहट!

मेरी पदचाप भूकम्प जगा देती है!
आग-आग कर देती है वसन्त को टकटकी मेरी!
जो बहते हैं, बाँध देता हूँ मैं उनको
और मौन कर देता हूँ उनको जो उड़ते हैं!
मौसमों को चीर देते हैं मेरे ये पंजे!
मेरी दुम में लटके डोलते हैं महादेश।

कोई संवाद नहीं करता अपने शिकार से कभी,
समझौतों में मेरी आस्था नहीं!
मुझसे सवाल पूछते हैं जो,
नियम तोड़ देते हैं कुदरत का!
मेरा निवाला बन जाने से बेहतर सौभाग्य हो ही नहीं सकता
मेरे शिकारों की ख़ातिर!

कविता का अनुवाद करते हुए

कविता का अनुवाद जन्मान्तर है!
जैसे कोई मछली पानी में डुबकी ले,
अनुवादक डुबकी लेता है
औरों के मन में! हर शब्द के
तीर पर, सघन बालुका-राशि में
घुटने टिकाकर खड़ा होता है वह, निरखता-परखता
हर सीपी का रंग,
हर शंख बजाता हुआ!

कविता का अनुवाद
विक्रमादित्य की कथाओं का
अटपट-सा शीशान्तर है! अनुवादक
किसी और कवि का माथा
अपने धड़ पर लगाता है। हर पंक्ति
एक गली है—थकी-हारी,
युद्ध, आपदा, ऊब से!
संगीत की है वीथिका जहाँ,
घूमते-टहलते हैं अमर जन लोग, देव
और पेड़! एक सुरंग खुलती है
जहाँ पंक्ति ख़त्म होती है।

मृतक आत्माएँ बुझाती हैं प्यास
मौन के पोखर में।
ओ इधर से गुज़रने वालो,
अपने जूते उतार लो
और पोशाकें भी!
नंगे ही धीरे से तुम्हें गुज़रना चाहिए
जैसे घाटी में हवा!
एक दिन मैंने देखा स्वप्न में
अपनी ही भाषा में
अनुवाद कर रहा हूँ अपनी कविता का!
हममें से हरेक हर कविता का
अपनी-अपनी भाषा में कर देता है अनुवाद
और तब हम झगड़ते हैं सही अर्थ पर!
लगता है, बैबल की मीनार
पूरी नहीं होने वाली!

पथरीली औरत

मैं अहल्या हूँ,
पूरी पत्थर नहीं हुई अब तक,
अभिशाप और शापमोचन के बीच कहीं
फँसी पड़ी हूँ!
जब बारिश मेरे कानों में गुर्राती है
फूल जला देते हैं मेरे नासापुट
और मेरे मन की कामना में पंख फूट पड़ते हैं ,
उठना तो चाहती हूँ, उठ नहीं पाती।
मेरी ही काया पर पंख अपने तेज़ करती है चिड़िया;
और अपना केंचुल उतार देते हैं साँप,
सूरज जब उँगलियों से टटोलता है मुझे,
लगता है, जल्द ही मेरी नस-नस लगी पिघलने।
एक स्वप्न तंग-तंग कर देता है मेरी रातों को;
आते हैं राम, हाथ रखते हैं मेरे सर पर
तो हाथ भी पत्थर-पत्थर हो जाता है।
एक स्वप्न तंग-तंग कर देता है मेरे दिन को;
आते हैं राम, मेरा सर देखता है उनको,
वे भी पत्थर-पत्थर हो जाते हैं,
फिर हम दोनों रहते हैं संग-साथ, हरदम-हरदम!

मेरा प्यार

(हिरोकीमा मोण अमोट फ़िल्म को याद करते हुए!)

अँकवारता हूँ तुम्हें आँखों से,
तुम मुझको अपने घावों से सहलाती हो।
छीलकर उतारता हूँ मैं तुम्हारे कपड़े,
और तुम पोंछती हो अपने रक्त के चकत्ते।
चूसता हूँ होंठ जब मैं तुम्हारे,
अम्ल तुम्हारा
भस्म करता है मेरी खटास!
चखता हूँ जीभ तुम्हारी तो मेरा मुँह खारा कर देती हैं
वे अकथ कथाएँ तुम्हारी,
स्तनाग्र जब मैं जगाता हूँ
शोक मनाती हो तुम भूल गये बेटे का,
उँगलियाँ चलाता हूँ तुम्हारे उदर पर
तो चौंकती हो जैसे कोई बलात्कार याद आ गया।
पीछे तुम्हें गुदगुदाता हूँ
तो दूरियों से लद भारी हो जाते हैं दोनों नितम्ब।
तुम्हारी पँखुड़ियों पर रखता हूँ होंठ
तो अनाथ अपने बच्चे का मुझे ध्यान आता है।
मैं प्रवेश लेता हूँ तुममें
तो चीखती हो युद्धध्वस्त शहर की तरह!

इन्द्रधनुष तक मैं उठाता हूँ तुमको तो
बमवर्षा के बीच तुम
होती हो अपने चरम तक!
मैं टूटकर जब बिखरता हूँ तुममें,
मेरी कीलें तुमको चुभती हैं!
कारागृह में प्रेम
लहू की तरह ही टपकता है!

स्वर्ग

यूस्तृव से लिवरपूल तक

क्या तुमने कभी ट्रेन में
यात्रा की है?
कहीं नहीं से यक्ष

इस पर चढ़ेगा : बेटिकट
वही यात्री जो
अलेप्पी और कोचीन के बीच
ट्रेन में चढ़ जाता है।
ट्रेन अचानक ही भर जाती है
पीली तितलियों से,
दादू की तरह
अपने नन्हे पंख खोले हुए उड़ने लगती हैं
मछलियाँ,
गन्ध 'जॉनीवॉकर' की
घुलती है हवा में,
होंठों पर नरगिस खिलती है!
यात्रा शुरू मत करो

यदि लगे तुमको कि यात्री मरे हुए हैं,
क्योंकि तुम भी मरे हुए हो! लिवरपूल की गाड़ी
अगवा कर लेते हैं वे स्वर्ग तक। ज़ंज़ीर खींचने का
कोई मतलब नहीं : पहले से ही ट्रेन
खाली जगह पर रुकी है।
बुद्धिलोक से तुम बहुत ऊपर हो! अब केवल
उड़ने वाली बिल्लियाँ इस पर
हो सकती हैं सवार : सोने की बनी हुई हैं,
फिर भी जीवित हैं जो। और बिल्लियों की तरह
या एकान्त के ईश्वर की तरह
वह भी मीठी म्याऊँ करती है,
दैवी, सुनहरी-सी म्याऊँ!

और मृतकों की तरह,
तुम भी आ पहुँचे,
स्वर्ग भी ठसाठस भरा है बस श्वेत मर्दों से,
यह पता किया!
श्वेत मर्द है ईश्वर भी,
उपनिवेश में अब भी रमन-चमन है
और स्वर्ग बेहतर नहीं
लिवरपूल से!

नक़्शे

स्कूल में जो भी मानचित्र मैं बनाता था, उनमें
दिल्ली पाकिस्तान में थी,
ऐम्सर्डम जर्मनी में
और फिजी ऐटलाण्टिक में!
जब भूख लगती थी मुझको,
मैं खा लेता था थोड़ा अफ़्रीका
और वासु के लिए तोड़ लेता था ऑस्ट्रेलिया!
रात को इटली हमें मार देता था ठोकर,
और चिले फण काढ़ लेता था,
और स्कैण्डेनेविया हमपर गुर्राता हुआ-सा झपटता था!
मुहम्मद से मैंने बाँटे वे थोड़े से नम्बर
जो मैंने भूगोल में पाये थे।
यात्राएँ करने लगा मैं बड़ा होकर।
महामहिम, नक़्शे से कितनी अलग थी
सचमुच की जगहें!
नीली रेखाएँ उमड़ती नदी थी,
और हरे बिन्दु, वन लहलहाते हुए!
और सारी खाली जगहों में
लोक, पशु-पक्षी,
पहाड़, रात, कविता थी!

अब कोई नक़्शे से खेल रहा है—
भूखण्ड चीरता-तोड़ता हुआ—
फिर से चिपकाता,
और मोड़ता—मरोड़ता हुआ!
धमक-भरी एक छड़ी झमकाता
सिखा रहा है दुनिया को
भूगोल,
इतिहास!

मृत नदी का नाविक

मैं नाविक हूँ मृत नदी का!
भूतल के भीतर के पानी की कलकल
अकानने की आशा में
मैं कान अपने सटाता हूँ बालूतट से!
भरी नदी की स्मृति में नहाने
कुछ लोग आते हैं अब तक यहाँ फागुन में!
अन्तःस्थ देवी की ख़ातिर अभी भी
कुछ लोग फेंकते हैं सिक्के!
स्मृति में नदी की
एक गुलाबी बैंगनी आसमान और एक उगता हुआ सूरज!
धान के हरे खेत,
आम-पेड़ और पेड़ केले के, घौद-भार से झुके,
गन्ने की कई क़तारें,
मछलियाँ, सीपियाँ, शंख, त्योहार, बाढ़!
स्मृति में उसकी कई गुप्त सन्देश,
मिलना-बिछड़ना, मृत देहें।
मृत नदी की स्मृति में हूँ मैं भी,
और मेरे अनगिनत लहरिल गान,
बालू में दफ़न पड़ा है मेरा बचपन,
वे दोस्त जो शहर गये,

ऊँची पहाड़ी के त्योहार में बजती ढोलकी,
वे लोमहर्षक अनुगूँजें
अनगिनत लहरें जगाती नदी में,
मेघ-सदृश छायाएँ
सजे-धजे हाथियों की!
मृत नदी की स्मृति में है दरवाज़ा :
दूसरी नदियों के प्रवेश के लिए :
नील, कावेरी, गंगा, ब्रह्मपुत्र
—खिलखिला उठते हैं सारे
बाल छितराए!
बीते हुए कल के हल
और आगत के बीज!
मृत नदी का पुल मुझे घूरता है,
पराजित भगीरथ!

सीढ़ियों से उतरती नग्न स्त्री

नग्नमूर्ति
उतर रही है सीढ़ियों से!
नग्न हैं सीढ़ियाँ भी!
नग्न मूर्ति की उँगलियों के स्पर्श से
(आह्लादित) गाती हैं सीढ़ियाँ
कि ख़त्म नहीं हो कभी नीचे उतरना
नीचे उतरने की अनन्त तेज़ी में
नग्नमूर्ति और ये सीढ़ियाँ
अदल-बदल लेते हैं अपने वजूद!
दूशाम ढँक देता है नंगी रफ़्तार
काठ की, औरत की
अपने भूरेपर से!
डूकैम्प ही नग्न है अब तो। पिकासो उसको
अपना नीला उधार देते हैं, और वैन गॉग
अपना पीला, गोगाइन सेपिया, सेसान अपना हरा,
मातिस देते हैं लालिमा उधार।
आख़िर कितनी नग्न मूर्तियाँ
मिल-जुलकर एक सूर्य बनती हैं?
कोई भी प्रेम
सिर्फ़ दो पर समाप्त नहीं होता।

फ्रांसीसी चित्रकारों के नाम यहाँ आये हैं।

पत्थर

पत्थर बन जाना
नहीं मुश्किल!
नंगे हो जाओ!
बन्द करो आँखें!
रुई ठूँस लो कानों में!
नासापुट बन्द करो!
निस्पन्द लेटने दो जीभ को मुँह में,
ठण्डी पड़ जायेगी त्वचा!
अंग निश्चेष्ट होने चाहिए!
धीमी कर लो साँसें!
पूजो उन सब पत्थरों को जो तुम्हारे परिचित हैं :
लाल पत्थर, बालू का पत्थर, ग्रेनाइट,
ढेले से पर्वत तक!
नहीं, प्रतिभाएँ नहीं,
वे तुम्हें चाहती हैं ज़िन्दा देखना!
सोचना बन्द करो! सपनों को दे दो तिलांजलि!
सुनो नहीं, प्रेम की कनबतियाँ भी नहीं,
बच्चों की चीख़ भी नहीं,
चिड़ियों के गीत नहीं,
हत्यारे की हँसी भी नहीं!

पीठ फेर लो दुनिया से!
तब तुम्हें महसूस होगा :
ख़ून जम रहा है,
मोटी हुई जाती है त्वचा, हृदय धड़कना बन्द किए जा रहा है,
मूल तक उतरता चला आ रहा है कुछ भूरा-भूरा–
जैसा कि सुकरात कहते थे,
स्वयं ज़हर है जीवन
और पत्थर हैं मृत्यु के सन्देशवाहक!
अहल्या को शाप दिया नहीं था किसी ने,
यह उसका अपना चुनाव था,
राम को नहीं चाहिए था बुलाना उसे वापस!
मुझको भी वापस बुलाना मत :
इस प्रस्तर-मुद्रा में आह्लाद है
सेनाओं-तोपों से एकदम ही बेख़बर
चूर-चूर करता तुम्हें कि बढ़े जाओ आगे!

मैं मृतकों से बातें कर सकता हूँ

मैं मृतकों से बातें कर सकता हूँ :
मरे हुए लोग, पेड़, नदियाँ!
कभी-कभी मैं अपने पूर्वजों को देखता हूँ :
मेरी नानी कहावतों पर उड़ती हैं
दादा पहेलियों पर पार करते हैं नदियाँ,
कुछ चतुष्पदियों और दोहों पर,
और कुछ शतरंज के घोड़ों पर,
कुछ खेलते हैं गोला बनाकर, कुछ जोतते हैं हल,
कुछ तोड़ते स्वर्ग से पान की पत्ती!

कभी-कभी अपने मृत मित्रों से टकराता हूँ!
वे बहुत ज़्यादा नहीं बदले; सिर्फ़
उनका शरीर बदल गया है काँच में!
उसके भीतर उनका हृदय देख सकते हैं हम!
नहीं, रुके नहीं वे, धड़क रहे हैं
हमारे दिलों से अधिक तेज़!
पीछे पड़े रहते हैं प्रश्न उनके।
वे फुहियों के स्वर में रोते हैं
और हँसते हैं धीमे गिरती हुई पत्तियों में।
अलग नहीं वे ज़्यादा

तथाकथित ज़िन्दा लोगों से; कभी-कभी ही
वे उड़ने की ठानते हैं। उनकी इच्छाएँ, चिन्ताएँ,
निराशाएँ : सब-कुछ हमारी तरह हैं!
मृत्यु हमारे सन्देहों का अन्त नहीं है;
पर अपनी भाषा बहुत पहले खो दी उन्होंने।
एक नरमुण्ड की तरह उगता है पूर्व में उनका सूरज।
उनके भालों पर उगते हैं कुकुरमुत्ते।
खुद से बातें करते-करते
मैं दरअसल बातें करता हूँ मृतकों से, तुमसे भी।
अपनी भाषा में सूर्यास्त हो गया है।

धरती के नीचे

विश्वास नहीं किया तुमने
जब मैं बोला कि घण्टियाँ
धरती के नीचे, पर अब
तुम सुनती हो ख़ुद! धरती के भीतर
पेड़ हैं, जानवर, जंगल, नदियाँ, महासागर,
गलियाँ, शहर, स्तम्भ और शिलालेख,
मठ और स्मृतियाँ बच्चों की सी हँसती हुई,
जो धरती पर हमने देखे नहीं, वे भी सपने अनगाए गीत,
महाबली को केन्द्र में रखकर बुनी गयी अनकही कहानियाँ, सिंहों
की माँदें,
अग्नि की, गुफ़ाएँ, योगियों की,
भूकम्प की माँदें, पर्वत,
बर्फ़, हवा, भँवर,
घण्टियाँ! घण्टियों के नीचे कोई
हमारी प्रतीक्षा में लीन,
पलकहीन आँखें उसकी,
बाँहें बर्फ़-सी सफ़ेद—
धरती के भीतर!
काम करने वाला काम किए जाता है!
मृत्यु से डरता नहीं!

जानता है जब वह मर जायेगा,
आएँगे दूसरे और सँभालेंगे काम,
चीनी कथा के उस मूर्ख बूढ़े की तरह
जिसने पहाड़ ठेलना चाहा था।
जो बाद में उसका काम उठाने आएँगे,
इन तिक्तमन लोगों से मिलेंगे वे भी;
उनको यहीं रहने दो :
रोग के कीटाणुओं की तरह
जिन्हें सुई से देह में डाला जाता है
कि देह की रक्षा वे करें रोग से!

सप्ताह के दिन

रविवार आता है
उड़ता हुआ बिजलियों की तरह
किरणों के पंखों पर
स्वर्ग के सुनहरे दरवाज़े खोलता हुआ!
जगता है सोमवार
नर्क की रसोई से
जले भगौने वाले दूध के धुएँ-सा
अजब तेज़ महकता हुआ!
मंगल सरकता है
रक्त से नहाया, धरती के
अँधियारे बिल से निकलता,
फण चुटैला, दबा-कुचला।
समुद्र-तल की मूँगा-विस्फीतियों से
बुध तैरता आता है, पूँछ लम्बी,
दाँत तीखे और चोएँटे काले।
गुरुवार टहलता हुआ आता है,
उसके केशों पर जमी चुप्पी,
हिममानव के गुमसुम क़दमों से चलता हुआ
आता है पर्वत की बर्फ़ीली-सी कन्दराओं से!

विफल क्रान्तियों की लिए गठरी
आता है डगमग चलता शुक्रवार–
काँपती हुई कूबड़, पकी हुई दाढ़ी और
जटाएँ कचरमकूट!

जादूगरनी वाले काले लबादे में
सिर धुनती, चीखती हुई शय सा
शनिवार आता है
शवपेटिका पर सवार!

फिर लौटता है इतवार, स्वर्ग का दरवाज़ा
पीछे उसके बन्द होता हुआ,
इखरे-बिखरे, धुँधले-उथले कमरे में पसरकर
लिखता है कविता
सप्ताह के सातों दिनों पर!

मैं एक भाषा हूँ

मैं एक भाषा हूँ!
होने-न-होने के बीच की
लकीरों और रंगों की भाषा!
इस भाषा के भीतर
चिड़िया के भीतर है आकाश,
पत्ते और चोटियाँ,
ख़ुद हैं चिड़ियाँ!
एक संज्ञा है यह आदमी का माथा
मेज़ पर चाय की प्यालियों के बीच
ऊपर उठा; और दूसरी संज्ञा
बादल है खिड़की के पर्दों पर
झूलता हुआ।
आँख का समानार्थी सेब है
और चिड़िया माने
फूल या पौधा।
तलहथी पर छपा चेहरा है
सर्वनाम; मदिरा के प्याले पर
छपा हुआ हिरण है विशेषण!
एक सकर्मक क्रिया है बदलना
स्तनों को धारीदार शेर में,

अकर्मक क्रियाएँ हैं आदमी के शरीर में
बदलती हुई बोतलें
और मीनारें डालियाँ ओढ़ती हुई!

कोट में बैठा हुआ
है विशेषण।

यह रूपकों की भी भाषा है :
मन्दिर के उत्सव में
कुंकुम-विक्रेताओं के आगे
ढेरों में सजे हुए रंगों-से
घर हैं और पेड़!
मुरकटे मानव-शरीर
उड़ते हवा में,
जंगल के दिल हैं
धड़कते हुए!
इस भाषा का व्याकरण
सपने,
जेल से छूटती हुई देह
स्त्रियों की, मर्दों की पेशानी
चाँद की तरह उगती,
कुंजियों में बदल जाती हुई मोमबत्तियाँ
अपनी सब आँखें एक साथ खोलती हुई धरती,
रातें जो दिन हो जाना चाहती हैं!
ज्ञान नहीं कथ्य है कला का;
और दुनिया, सिर्फ़ नकल किये जाने की ख़ातिर नहीं,
दुबारा बनाने की ख़ातिर बिछी है।

गृह-प्रबन्धक को निदेश

फ्लैट नं. 7 से मुझे
अपने कन्धों पर आहिस्ता उठाकर सीढ़ियों से नीचे ले आना!
उस भूरी बिल्ली को बिल्कुल डराना नहीं
जो मेरे पीछे आयेगी :
प्रेम उसका सच्चा था।
मेरा सिर ढँको नहीं,
एक अन्तिम बार तो देख लूँ मैं पड़ोसियों को!
मेरे अपने लोग इन्तज़ार कर सकते हैं; मैं उनको देखूँगा
जब वे मुझे भूल जायेंगे!
दालान के कढ़ी-पत्तों के वृक्ष से भी मैं विदा ले लूँ,
उनका पिता मेरे खेल का साथी था!
क्या पानी बरस रहा होगा? बारिश मुझे भिगा ले तो भला
जैसे वो मुझे भिगा लेती थी, जब मैं स्कूल में था!
मेरे ही साथ भीग जायेगा खिड़की के जाले पर बैठा
उजला कबूतर!
मेरी कुहनियों से गरम मेज़ मेरी
याद करेगी मुझे, किताब आधी पढ़ी
खुली पड़ी, क़लम इन्तज़ार में पड़ी
पन्ने पर कविता की आखिरी पंक्तियों का—
खाली पन्ना खाली जैसे मन्दिर का ओसारा

उत्सव के ठीक बाद वाले दिन!
यदि मुझे हवा याद रखे तो
वह गिरा देगी एक गुलमोहर
मेरी प्रशान्त पेशानी पर!
मृतकों को हजम किए जाने में निष्णात
अर्थी ख़ुद पर सवार हर शय की
महक जो लिए जाती है आगे!
मत पढ़ना गीता! एक और युद्ध मुझे
अब तो बर्दाश्त नहीं होगा! झण्डे भी कोई नहीं—
वे हार की आत्मस्वीकृतियाँ हैं।
यमुना के तट पर बस एक कौर में
दूसरी दुनिया की आग निगल जाये मुझे।
एक-एक कर कोशिकाएँ जलें, ऐसा मैं नहीं चाहता!
दूसरी दुनिया तक जाने के पहले
राख-राख हो जाने के पहले
मेरा नरमुण्ड फुसफुसाएगा—
"उतना बुरा भी नहीं था
धरती पर मेरा प्रवास, अगर ज़रूरत हो तो
मुझको दुबारा आने से गुरेज नहीं!"

सैम्सन

शेरों को मारना मुझको आसान लगा
खरहों के जैसा; लोमड़ियों की मैंने
एक लुकाठी बनाई और दुश्मन की
फ़सल में आग लगाई!
किसी बवण्डर की तरह
शहरों के सिंहद्वार बन्द किये
उन्हें किसी पर्वत-चोटी पर बिठाकर।
लाश की पहाड़ियों के ऊपर खड़ा हुआ
गुस्सैल मूर्ख की तरह मैं हँसा!
लेकिन मिल्हा, डेलीला, तुम्हारी
आँखों के झूलते बग़ीचे
उँगलियों की स्वर संगति,
छातियों के चषक,
पाँवों की अबाबीलें :
पुरुष-वासना ने ही
बन्दी बनाया मुझे!
नास्तिकों ने दफ़नाया
मेरे ईश्वर को—रात में अनास्था की!
मेरी आँखों के बदले दी उन्होंने
दो अँधेरी क़ब्रगाहें!

मेरे केशों के झड़े बीजों पर झपटी
तेंदुओं की तरह,
दुश्मन के देवताओं की ख़ातिर गायी स्तुतियाँ!
ओ ग़ुलाम इजरायल के,
चुपाये गये देवदूत,
वो दुष्ट देवी जो शक्तिमन्तों को अन्धा कर देती है
और देखने वालों को अशक्त,
राज कर रही है अब तक हम पर!
डेलिला, जो मैंने एक बार तुमसे कहा था
गलत है : शक्ति का राज़
नहीं, बालों में नहीं, बल्कि उस हिस्से में देह की
जिसकी वे रखवाली करते हैं!
बीत गया है नायकों का समय!
अपनी फूली मांसपेशियों के साथ
बच्चों की चित्रकथा में जीने को हैं
अभिशप्त!
आज से नकारता हूँ
होना नायक!

घर और कारागृह

तुम लाये बीज सूरजमुखी के,
और मैं एक पत्ती दिन के प्रकाश की!
तुम लाये एक मुट्ठी चाँदनी,
और मैं रात नाच की।
तुम लाये आँसू एक फाख्ता, के
और मैं शहद एक जंगली हड्डे का,
तुम लाये एक पंख जन्नत का,
और मैं ईश्वर का शब्द एक।
उजला था घर हमारा
और हमारे बच्चे काले थे।
वे रोये तो मैं बर्दाश्त नहीं कर पाया,
चावल के एक दाने के लिए ही मैं सूर्य तक उड़ गया!
अब मेरे पंख और गान मेरे
गिरफ़्तार हैं बादल में,
मेरा अकेला पर बोलता है बिजलियों में,
और उनके प्रकाश में ढूँढ़ता हूँ मैं
अपने घर का रास्ता!

□□

अनामिका निबन्ध लिखती हैं, अख़बारों और पत्रिकाओं में स्तम्भ लिखती हैं, कहानियाँ और उपन्यास रचती हैं, कविताओं और उपन्यासों का अनुवाद-सम्पादन करती हैं, और अंग्रेज़ी साहित्य का अध्यापन करती हैं। एक पब्लिक इंटेलेक्चुअल के रूप में व्याख्यान देने से लेकर स्त्रीवादी पब्लिक स्फ़ियर में सक्रिय रहने तक वे और भी बहुत कुछ करती हैं। पर, सबसे पहले और सबसे बाद में, वे एक कवि हैं।

1961 के उत्तरार्द्ध में मुज़फ़्फ़रपुर, बिहार में जन्मी और अंग्रेज़ी साहित्य से पीएच.डी. अनामिका राजभाषा परिषद् पुरस्कार (1987), गिरिजाकुमार माथुर सम्मान (1993), भारतभूषण अग्रवाल पुरस्कार (1995), साहित्यकार सम्मान (1997), परम्परा सम्मान (2001) और साहित्य सेतु सम्मान (2004), केदार सम्मान (2008), शमशेर सम्मान (2014), मुक्तिबोध सम्मान (2015), वाणी फ़ाउंडेशन डिस्टिंग्विश्ड ट्रांसलेटर अवार्ड (2017)। वैली ऑफ़ वर्ड्ज़ अवार्ड (2020), साहित्य अकादेमी पुरस्कार (2021), कन्हैयालाल सेठिया अवार्ड (2021) से विभूषित हो चुकी हैं।

प्रकाशित कृतियाँ :

आलोचना : पोस्ट एलिएट पोएट्री : अ वॉएज फ्रॉम कंफ्लिक्ट टु आइसोलेशन, डन क्रिटिसिज़्म डाउन द एजेज़, फ़ेमिनिस्ट पोएटिक्स : वेयर किंगफ़िशर्ज़ कैच फायर, प्रोटो-फ़ेमिनिस्ट हिन्दी-उर्दू वर्ल्ड, ट्रीटमेंट ऑव लव ऐंड डेथ इन पोस्ट वार अमेरिकन विमेन पोएट्स, ट्रांसलेटिंग रेशियल मेमरी।

विमर्श : स्त्रीत्व का मानचित्र, मन माँजने की ज़रूरत, पानी जो पत्थर पीता है, स्त्री-विमर्श का लोकपक्ष, त्रियाचरित्रं : उत्तरकाण्ड, स्वाधीनता का स्त्री-पक्ष।

कविता : ग़लत पते की चिट्ठी, बीजाक्षर, समय के शहर में, अनुष्टुप्, कविता में औरत, खुरदरी हथेलियाँ, दूब-धान, थेरी गाथा : टोकरी में दिगन्त, पानी को सब याद था, वर्किंग विमेंस हॉस्टल और अन्य कविताएँ।

कहानी : प्रतिनायक।

संस्मरण : एक ठो शहर था, एक थे शेक्सपियर, एक थे चार्ल्स डिकेंस।

उपन्यास : अवान्तर कथा, दस द्वारे का पींजरा, तिनका तिनके पास, आईका साज़।

अनुवाद : नागमंडल (गिरीश कार्नाड), रिल्के की कविताएँ, एफ्रो-इंग्लिश पोएम्स, अटलांत के आर-पार (समकालीन अंग्रेज़ी कविता), कहती हैं औरतें (विश्व साहित्य की स्त्रीवादी कविताएँ), भाषिक पुनर्वास।